EXPOSITION UNIVERSELLE

DE 1862

A LONDRES.

COMITÉ DE L'ARRONDISSEMENT

De Lille.

LILLE,
IMPRIMERIE L. DANEL.

1862.

EXPOSITION UNIVERSELLE

DE 1862

A LONDRES.

COMITÉ DE L'ARRONDISSEMENT

DE LILLE.

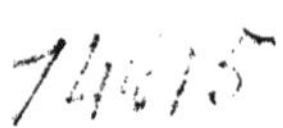

EXPOSITION UNIVERSELLE

DE 1862

A LONDRES.

COMITÉ DE L'ARRONDISSEMENT

De Lille.

LILLE,

IMPRIMERIE L. DANEL.

1862.

EXPOSITION UNIVERSELLE DE 1862.

COMITÉ DE LILLE.

Exposé des travaux du Comité chargé de l'admission des produits de l'arrondissement de Lille à l'Exposition Universelle de Londres en 1862.

Le Comité de l'arrondissement de Lille a été constitué par divers arrêtés dé M. le Préfet du Nord , de la manière suivante :

MM. Kuhlmann , conseiller général, fabricant de produits chimiques, président de la Chambre de commerce de Lille, *Président.*

Lefebvre, Julien, propriétaire, président du Comice agricole de Lille , *Vice-Président.*

Benvignat, architecte, à Lille.

Bernard , Henri, conseiller général, raffineur de sucre, à Lille.

Bossut , H., négociant, à Roubaix.

Charles , vétérinaire, secrétaire du Comice agricole, à Lille.

Colas , professeur de peinture, à Lille.

Cox , Edmond , filateur de coton, à Lille.

Crespel , manufacturier, à Lille.

Dansette, Hubert, conseiller général , filateur et fabricant de toiles, maire d'Armentières.

Delattre , Henri, filateur, à Roubaix.

Delesalle , Emile, filateur de lin , à Lille.

Delesalle , Gustave, manufacturier, à Lille.

Delobel-Wattinne, fabricant de tissus, à Tourcoing.

Demesmay , cultivateur, à Templeuve.

Des Rotours , maire d'Avelin.

Descat-Leleux , teinturier-apprêteur, à Lille

MM Descat, Constantin, conseiller général et teinturier-apprêteur, à Roubaix.

Desmoutiers, conseiller général, agriculteur et fabricant de sucre, à Mons-en-Pévèle.

Ernoult-Bayart, négociant, maire de Roubaix.

Eeckmann, négociant, à Roubaix.

Girardin, doyen de la Faculté des sciences, à Lille.

Grimonpret-Bossut, filateur, à Roubaix.

Kolb, ingénieur en chef des Ponts-et-Chaussées.

Lallemant, maire à Erquinghem-le-Sec.

Lauwick Van Elslande, fabricant, à Comines.

Lecat-Butin, maire et cultivateur, à Bondues.

Lemaître-Demeestère, fabricant, à Halluin.

Leroux-Leplat fils, fabricant de tissus, à Tourcoing

Lestienne, Henri, négociant, à Roubaix.

Leurent, Jules, conseiller général, filateur et fabricant, à Tourcoing.

Loyer, filateur de coton, à Wazemmes.

Mahieu-Delangre, fabricant de toiles, à Armentières.

Masurel, Carlos, négociant, à Tourcoing.

Mathias, ingénieur-mécanicien, à Lille.

Mimerel fils, filateur, à Roubaix.

Réquillart, Ernest, fabricant de tapis, à Tourcoing.

Roussel-Dazin, négociant, à Roubaix.

Roussel-Defontaine, maire à Tourcoing.

Scrive-Bigo, filateur et fabricant de tissus de lin, à Lille.

Soyer-Vasseur, fabricant de tissus, à Lille.

Tripier-Durieux, propriétaire, à Lille.

Wallaert, Achille, fabricant de fil et filateur, à Lille.

Lamy, professeur de physique à la Faculté de Lille, } *Secrétaires.*
Corenwinder, agronome, à Quesnoy-sur-Deûle, }

L installation du Comité par M. Vallon, Préfet du Nord, a eu lieu le 22 juillet 1861.

M. Des Rotours ayant été nommé vice-président en remplacement de M. Julien Lefebvre, démissionnaire, le bureau s'est trouvé ainsi constitué :

Président,   **MM** Kuhlmann.
Vice-Président,   Des Rotours.
Secrétaires, {   Lamy.
       Corenwinder.

M. **Plumcocq**, attaché au secrétariat-général de la Préfecture, et mis à la disposition du bureau par M. le Préfet, a été nommé secrétaire-adjoint par le Comité.

Dans cette première séance, diverses résolutions ont été adoptées pour obtenir le plus promptement possible l'inscription de MM. les Industriels, et conformément à ce qui s'était fait en 1855, le Comité s'est partagé en cinq sections ainsi composées :

1re section. — Agriculture.

MM. Des Rotours, *président.*
Corenwinder, *secrétaire-rapporteur.*
Charles.
Demesmay.
Desmoutiers.
Girardin.
Lecat-Butin.
Lallemand.
Tripier–Durieux.

2e section. — Arts chimiques.

MM. Kuhlmann, *président.*
Lamy, *secrétaire-rapporteur.*
H. Bernard.
Corenwinder.
Descat-Leleux.
Desmoutiers.
Girardin.
Roussel-Defontaine.

3e section. — Arts mécaniques

MM. Wallaert, *président.*
Mathias, *secrétaire-rapporteur.*
Cox.
Ch. Crespel.
H. Delattre.
Gustave Delesalle.
Kolb.
Lamy.

4e section. — Fils et Tissus.

MM. Ernoult Bayart, *président.*
Bossut-Pollet, *secrétaire-rapporteur*
Cox.
Ch. Crespel.
H. Dansette.
H. Delattre.
E. Delesalle.
C. Descat.
Delobel–Wattinne.
Eeckmann.
Grimonprez–Bossut.
Lauwick van Eslande.
Lemaitre-Demeestère.
Leroux-Leplat.
H. Lestienne.
J. Leurent.
Loyer.
Mahieu-Delangre.
C. Masurel.
Mimerel fils,
Réquillart.
Roussel-Dazin.
Scrive-Bigo.
Loyer-Vasseur.

5e section. — Beaux-Arts et objets divers.

MM. Kolb, *président-rapporteur.*
Colas, *secrétaire.*
Benvignat.
Descat-Leleux.
H. Lestienne.
Réquillart.

A la suite des démarches faites par le Comité , le nombre total des inscriptions s'est élevé à 163 , nombre plus que triple que celui des exposants admis à l'Exposition universelle de 1851. Mais la Commission impériale , obligée de réduire environ des $\frac{7}{8}$ la surface totale accordée par les divers comités de France, ne put admettre, en dehors de l'agriculture , que 64 exposants de l'arrondissement, avec une surface de 100^{mc} 68 , au lieu des 700^{mc} demandés.

Le bureau du Comité, effrayé du nombre considérable des exclusions prononcées , après s'être assuré par les démarches de son président que la surface ne pouvait être accrue, chercha une meilleure répartition de cette surface, et, profitant de quelques renonciations, put, avec l'approbation de la Commission, réintégrer dix industriels et artistes sur la liste d'admission ; de façon que le nombre total des exposants admis dans l'arrondissement s'élevait à 74 , avec une surface consentie de 100^{m} carrés de plancher. Mais au moment où le travail préparatoire des admissions pouvait être considéré comme achevé , quand la notification de l'espace à chaque exposant avait été faite, survinrent de nouvelles exigences des Commissaires de Sa Majesté la Reine de la Grande-Bretagne , qui obligèrent la Commission impériale à réduire encore l'espace réservé aux fils et tissus , et à faire des éliminations de fabricants qui devaient se croire définitivement admis. Au lieu de 51^{m} de façade précédemment accordés à Roubaix , il ne restait plus que 41^{m}, et Lille , Tournai, Armentières, Comines , n'en avait que 14.

Malgré les réclamations énergiques de M. le Président du Comité de Lille, les résolutions de la Commission Impériale restèrent définitives.

En présence d'une situation aussi fâcheuse , le Comité , en acceptant les 54 mètres , décida qu'on ne ferait aucune élimination de fabricants, mais qu'on réduirait convenablement les espaces de chacun d'eux.

Finalement, et par suite de nouvelles renonciations provoquées par l'exiguité de l'emplacement accordé , le nombre total des exposants de l'arrondissement s'est trouvé réduit à 91 avec une surface de 85 mètres carrés, l'agriculture non comprise.

Le Comité ayant décidé que chaque section présenterait un rapport spécial, a consacré ses séances du 29 mars et du 2 avril à l'audition , la discussion et l'adoption de chacun de ces rapports

PREMIÈRE SECTION

AGRICULTURE

Président : M. DES ROTOURS.
Rapporteur : M. B. CORENWINDER.

Le nombre des personnes de l'arrondissement de Lille qui ont contribué à réunir les produits agricoles destinés à l'expositiou universelle de 1862 est de 31.

Sur ce nombre :

> 21 appartiennent à la moyenne culture,
> 2 — — petite culture,
> 3 à la préparation du lin,
> 5 aux industries rurales.

Sans entrer dans de grands détails sur les mérites respectifs de ces exposants le rapporteur a cru devoir signaler l'importance de leurs exploitations, les qualités qui les distinguent, et se faire l'interprète des renseignements utiles à la chose publique qu'il a pu puiser dans les documents qui ont été soumis à son appréciation.

LEROY-DUBOIS, cultivateur et maire à Illies.

Avoine de Sibérie. — Avoine blanche du pays. — Blé Golden blanc. — Blé anglais à paille blanche. — Blé blanc de Merville. — Blé blanc Locage de Merville.

M. Leroy-Dubois est un des cultivateurs capables de l'arrondissement de Lille. Praticien consommé il sait apprécier toute la supériorité des méthodes de culture en usage depuis un temps immémorial dans nos contrées, mais son respect pour la tradition ne va pas jusqu'à paralyser son initiative. Ainsi, il s'est livré à de nombreux essais sur diverses espèces de plantes de grande culture, et notamment sur les céréales. Il cultive avec avantage le lin à fleur blanche conjointement avec la variété à fleur bleue, et il donne à ces plantes textiles toutes les préparations nécessaires pour les livrer à la filature. Ses écuries et ses étables sont construites avec intelligence et l'excellente condition de son cheptel prouve qu'il possède à fond l'art difficile de la production animale. Signalons aussi que M. Leroy est un administrateur ami du progrès, il a doté sa commune d'une bibliothèque rurale, et il a donné de salutaires exemples aux localités voisines en prenant l'initiative d'améliorer, sur son territoire, les chemins vicinaux.

Enfin, cet habile agriculteur a obtenu successivement un grand nombre de récompenses, et notamment une médaille d'or au concours universel de 1856.

SIX, Florimond, cultivateur à Wambrechies.

Blé blanc. — Avoine. — Fèves. — Seigle. — Hivernage. — Lin. — Foin de la Deûle. — Foin de la Marcq. — Foin de la Lys. --- Trèfle du pays.

Ce cultivateur est du nombre de ceux qui se livrent avec ardeur aux travaux des champs, non-seulement pour y trouver une rémunération légitime de leurs peines, mais aussi parce que l'agriculture est une profession dont ils savent apprécier la noblesse et l'attrait.

Les nombreuses récompenses que cet homme intelligent a obtenues dans divers concours attestent suffisamment que chez lui l'esprit d'initiative et l'amour du progrès ont pris tout l'essor qu'on peut attendre d'un modeste agriculteur.

Son exploitation se compose de 13 hectares en labour, et de 3 hectares en paturage. Il cultive principalement les betteraves, le blé, l'avoine, les fèves, le trèfle, etc., et entretient une proportion convenable de bétail. Le rendement de ses récoltes atteint toujours la limite maximum, parce qu'il n'épargne à ses terres, ni les engrais ni les sueurs.

Convaincu de l'utilité des machines agricoles, ce cultivateur a fait usage le premier dans sa commune, du semoir mécanique et il s'en sert pour semer le blé, la betterave, l'avoine, les fèves, etc. Il retire de l'emploi de cet instrument les avantages nombreux que les cultivateurs exercés savent apprécier. Rien que sur le blé utilisé pour semence, l'économie, dit-il, est de 30 à 40 pour cent.

Il a créé aussi, à Wambrechies, en 1858, une société par actions, dont il est le directeur-gérant, pour l'exploitation d'une machine à battre mue par une locomobile à vapeur. Cette machine, moyennant une rémunération raisonnable se rend dans les fermes pour y faire le service auquel elle est destinée. L'initiative de M. Florimond Six a porté ses fruits, car depuis il a eu beaucoup d'imitateurs.

Quoique cet agriculteur soit un des exposants les plus dévoués du Comice agricole de Lille, il est convaincu que le succès en agriculture ne réside pas seulement dans les triomphes des concours et des exhibitions solennelles. S'il recherche d'honorables distinctions, elles ne lui font pas oublier qu'il y a des triomphes plus avantageux et plus utiles. Il n'ignore pas que le mérite d'un cultivateur se juge avant tout par l'aspect de ses champs, par le revenu qu'ils procurent et aussi par la sollicitude de l'homme prévoyant qui s'applique à exécuter les travaux en temps utile, et à ne ménager ni les soins ni les engrais.

DEROO, François, cultivateur à Erquinghem-Lys.

Cameline. — Fèves. — Lin brut. — Blé blanc à barbe de Merville. — Avoine de Merville. — Blé froment de Merville. — Blé de mars. — Blé millet.

Cet agriculteur exploite une ferme de 46 hectares dont 14 en paturages et 32 en labour.

En été il entretient dans ses paturages 50 têtes de gros bétail. Tous les ans il fait de 15 à 20 élèves.

Sa culture est fort variée.

L'assolement suivi dans son exploitation est ordinairement celui-ci :

Tabac fumé avec des tourteaux mélangés d'engrais flamand et du fumier.

Betteraves ou pommes de terre sans engrais.

Blé sans engrais.

Fèves ou haricots avec du fumier de ferme.

Blé, avoine ou blé millet sans engrais.

Après le blé succède du tabac, des betteraves ou du lin.

M. François Deroo utilisant une quantité considérable d'engrais flamand, il a compris qu'il était de son intérêt de savoir en apprécier approximativement la valeur afin de s'éviter des mécomptes. Aussi, fait-il un usage constant de l'aréomètre, non-seulement lorsqu'il s'agit d'acheter cette précieuse matière fertilisante, mais encore lorsqu'il doit la répandre sur ses champs.

Ses jus de fumier eux-mêmes qu'il recueille avec intelligence dans un réservoir, sont également observés à l'aréomètre avant leur utilisation. En un mot, **M.** Deroo a acquis une si grande habitude de l'emploi de cet instrument qu'il sait à peu près à quel degré il doit répandre une quantité connue de fumure liquide pour obtenir sur ses terres des effets déterminés.

Aussi l'exploitation de cet habile cultivateur peut être considérée comme un modèle de culture intensive, et le rendement de ses terres est constamment fort élevé.

Enfin **M.** Deroo est l'initiateur du drainage dans sa localité; il a fait la première application de cette belle découverte en 1853. Depuis, toutes ses terres à labour ainsi que ses paturages sont assainis par des réseaux multipliés de tuyaux.

BRAQUAVAL, cultivateur à Hem.

Blé blanc de Merville. — Blé roux anglais, paille blanche. — Blé roux barbu d'Australie. — Blé roux barbu, paille blanche. — Blé blanc d'Ecosse. — Mélange blé anglais avec blé du pays. — Blé roux anglais, paille rousse (Golden cluster). — Blé roux, paille rousse (Spalding). — Blé anglais, paille blanche (Blood red straw). — Seigle. — Colza parapluie. — Lin brut. — Lin roui une fois. — Lin teillé. — Avoine jaune. — Avoine blanche.

A la demande de la commission, cet habile cultivateur a bien voulu fournir quelques renseignements concernant les diverses sortes de blés qu'il a destinés à l'exposition.

Il ne suffit pas évidemment de livrer à l'attention publique des échantillons de céréales de diverses origines, mais il faut encore prouver qu'on s'est livré à des observations susceptibles de faire apprécier leurs diverses qualités. On lira donc avec intérêt l'extrait de la note que M. Braquaval a bien voulu communiquer à ce sujet.

Blé blanc de Merville. Dans les terrains que cultive M. Braquaval, et du reste dans tout l'arrondissement de Lille, les blés blancs de *Merville* sont toujours fort estimés. Toutefois lorsqu'on les sème sur une sole qui contient beaucoup d'arrière-fumure, ils sont sujets à verser. L'échantillon de ce blé mis à l'exposition a été récolté en place de betteraves. Sur la même pièce de terre on en a semé aussi après des œillettes. Le rendement des blés de betteraves a été supérieur à celui des blés d'œillettes (1).

Blé roux barbu, paille blanche. Ce blé nouvellement introduit dans la culture de M. Braquaval lui a donné un rendement plus élevé de 6 hectolitres à l'hectare que la plus productive de toutes les autres espèces. Le fait a été constaté sur une même sole, en place de lin.

Blé d'Australie. Cette variété a produit beaucoup la première année de son introduction, mais elle dégénère vite. Comme pour la plupart des espèces étrangères, il faut renouveler la semence au moins tous les deux ans.

Blé anglais, paille rousse (Spalding). Cette variété est aussi fort généreuse mais peu constante. Pure, elle se vend difficilement sur le marché. Elle est plutôt propre à faire des mélanges avec les blés du pays, qu'à être semée isolément.

Blé anglais, paille rousse ou (Golden Cluster). Ce blé a l'avantage de pouvoir être semé sur une terre fertile parce qu'il est d'une taille peu élevée. Il résiste fort bien à la verse. Cette variété, après un an d'acclimatation, doit aussi être semée avec des blés blancs du pays.

Blé anglais blanc, paille blanche (Blood-red-Straw). Il ressemble au blé de Merville par sa qualité et la supériorité de son grain. Il s'acclimate facilement et persiste plus longtemps que les autres. M. Braquaval en sème depuis 4 ans. Son rendement, l'année dernière, a été plus élevé que celui du blé de Merville de un hectolitre à l'hectare.

Blé d'Écosse, paille blanche. Cette variété n'est pas aussi productive que la précédente, mais elle présente encore des avantages, parce que son chaume

(1) On dit des blés de betteraves, des blés de pommes de terre pour désigner ceux qui succèdent sur un même sol à ces racines. Ainsi pour d'autres cas.

est raide et peu élevé. Son grain est blanc et on peut l'utiliser avec avantage pour faire des mélanges.

Mélanges de blés roux et blancs anglais avec le blé blanc de Merville. Ce mélange est celui qui a toujours le mieux réussi. Il peut être semé indifféremment après toute espèce de récolte et donne constamment des résultats très-satisfaisants. Les chaumes étant de natures différentes, les uns petits et raides, les autres longs et grêles, les premiers servent de support aux derniers et toute la récolte résiste à la verse. Elle peut donc recevoir une fumure plus abondante ; aussi, le rendement est généralement élevé.

Blé roux anglais, paille blanche. Cette variété est productive en paille et en grain. Elle s'acclimate parfaitement bien, et se maintient longtemps sans dégénérescence. Le grain forme avec le blé blanc un mélange avantageux.

Avoine d'Écosse, avoine de Bergues. L'avoine d'Écosse est une espèce productive et qui rapporte 5 à 6 hectolitres de plus à l'hectare que l'avoine de Bergues, mais elle n'est pas aussi estimée.

Colza dit parapluie. Cette variété, nouvellement introduite, ne semble pas, jusqu'aujourd'hui, présenter de notables avantages.

Lin. Le lin est fumé avec environ 30,000 kilog., fumier de bétail, et 1,100 kilog. tourteaux, à l'hectare. L'arrachage étant fait, on le remplace souvent par des navets, que l'on sème en juillet, août, sur un labour léger. C'est du reste une pratique généralement adoptée dans l'arrondissement de Lille.

M. Braquaval cultive 35 hectares de terre à labour, et entretient 13 vaches laitières, deux taureaux pour la reproduction et des bœufs de travail. Tous les ans, il fait plusieurs élèves.

Cet intelligent cultivateur a obtenu un grand nombre de récompenses, entr'autres une médaille d'or à l'exposition nationale d'agriculture de 1860, et une médaille de 3ᵉ classe à l'exposition universelle de 1855 pour sa collection de céréales.

LECAT-BUTIN, cultivateur à Bondues.

Lin teillé et lin brut. — Tabacs. — Semences de tabac. — Fèves dites Coulonnoises. — Blé de haie. — Blé de Calcutta. — Blé dit blanzé.

M. Lecat-Butin est connu depuis plusieurs années par son dévouement au progrès agricole. Il était autrefois une des lumières de l'association d'agriculteurs annexée à la Société des Sciences de Lille ; aujourd'hui il est vice-président du Comice agricole et membre de la chambre consultative d'agriculture.

Les nombreuses récompenses que cet homme d'initiative a obtenues dans sa carrière agricole, attestent que chez lui le désir d'être utile a toujours été le mobile de sa conduite. Il n'est pas de ces cultivateurs, trop nombreux dans notre pays de riche production, qui pensent que tout devoir est accompli quand on a consacré exclusivement son temps et son intelligence à la satisfaction de ses intérêts personnels, et qu'il n'y a que duperie à contribuer à l'amélioration de l'agriculture et à la diffusion des connaissances pratiques de cet art. L'honnête homme n'ignore pas sans doute qu'avant tout il appartient à sa famille, mais le sentiment du devoir lui permet de multiplier son activité pour en consacrer une partie à la chose publique.

Aussi les gens de bien ont applaudi en 1855 à la haute distinction dont cet agriculteur a été l'objet, non seulement parce qu'elle a été la récompense de nombreux services, mais aussi parce qu'on a pu la considérer comme une protestation contre cette abstention presque systématique qui est trop répandue dans nos campagnes.

M. Lecat exploite à Bondues la ferme dite *de la Vigne,* qui existe depuis un temps immémorial, et dont la contenance est de 42 hectares cultivés en tabac, betteraves, blé, avoine, lin, pommes de terre, etc. Il a construit il y a quelques années un séchoir à tabac perfectionné dont l'administration a fait dresser le plan, et, en vertu d'un article de son règlement, elle accorde aujourd'hui des primes d'encouragement aux planteurs qui en établissent de semblables dans leur exploitation.

Tous les lins récoltés par ce cultivateur sont soumis au rouissage et au teillage, avant d'être livrés au commerce. Environ 4 hectares de terre sont affectés à cette culture chaque année. Il a contribué à améliorer les voies de communication dans sa commune, car il a construit plus d'un ki'omètre de chemin d'exploitation. Ces chemins exigent peu de frais d'entretien et sont peu coûteux : ils ont été établis avec des matériaux de démolition surmontés d'une couche de scories de charbon de terre.

Enfin, M. Lecat s'est livré à de nombreuses expériences comparatives sur diverses variétés de blé, avoine, lin, pommes de terre, etc.; les résultats en ont été publiés dans les archives de l'agriculture du Nord de la France.

DELEPLANQUE, à Lille (section de Wazemmes).

Lin brut.

L'exploitation de ce cultivateur, qui est un des membres zélés du Comice agricole de Lille, se compose de 30 hectares de terre à labour.

Le lin exposé a été ensemencé avec de la graine de tonne ; il a succédé à des blés de betteraves.

La terre avait reçu pour fumure, avant l'hiver, du fumier d'étable. Le rendement en lin brut a été de 5,000 kilog. à l'hectare.

LEPEUPLE, Henri, cultivateur à Bersée.

Huit variétés de graines de betteraves. — Pommes de terre chardon.

Ce cultivateur exploite 20 hectares de terre dont une notable partie est livrée à la culture des graines de betteraves qui sont l'objet d'un commerce assez important dans plusieurs localités de l'arrondissement de Lille.

La graine de betteraves est cultivée ordinairement sur une sole de blé. Après la moisson on porte environ 40,000 kilog. de fumier par hectare. On l'enterre immédiatemeut par un léger labour. Un mois plus tard on herse en long et en travers et on pratique de forts labours en novembre ou décembre. Les terres qui ne reçoivent pas de fumier sont fertilisées avec des composts et environ 5,000 kilog. de déchets de laine qu'on se procure à Tourcoing, à raison de 5 fr. 75 c. les 100 kil. On évalue généralement que 450 kil. de déchets de laine équivalent, la première année, à 200 kil. de tourteaux, mais pour les récoltes suivantes, il reste beaucoup plus d'arrière fumure avec les déchets qu'avec les tourteaux.

Au mois de mars on ameublit les terres et on plante les betteraves pour graines. A la fin d'avril on commence à pratiquer les binages, avant de buter les plantes on les fume avec une proportion de 300 kilog. de guano par hectare.

M. Lepeuple cultive plusieurs espèces de betteraves, particulièrement celle qui est originaire de Silésie et la rose de Pologne.

Depuis quatre années M. Lepeuple cultive aussi la pomme de terre chardon. Cette espèce n'est point de première qualité pour la consommation de l'homme,

mais elle se recommande pour la nourriture du bétail, et donne un bon rapport

Ce cultivateur annonce avoir obtenu, en 1861 : 330 hectolitres de pommes
de terre chardon par hectare. L'hectolitre pesait 70 kilog., c'est donc un rendement total de 23,100 kilog.

Cette variété de pommes de terre mérite d'autant plus de fixer l'attention du
cultivateur qu'elle a l'avantage de résister plus que les autres à la maladie
calamiteuse qui depuis longtemps sévit avec rigueur sur ce précieux tubercule.

M. Lepeuple a obtenu une médaille de Bronze à l'Exposition nationale d'a-
griculture de 1860.

DESPRETZ, Auguste, cultivateur à Cappelle.

Ce cultivateur , qui se livre particulièrement à la production de la graine de
betteraves, expose:

3 variétés de betteraves porte-graines. — 28 variétés de semences de betteraves.

M. Despretz s'occupe de cette culture en homme qui a le sentiment des besoins de l'industrie sucrière; il s'applique particulièrement à concilier l'intérêt
du fabricant avec celui des planteurs, c'est-à-dire à créer une betterave en
même temps riche en sucre et donnant une récolte suffisante pour rémunérer
celui qui la cultive. Il a obtenu une médaille d'or à l'exposition nationale
d'agriculture de Paris en 1860.

COURSIER, Floris, cultivateur à Leers (canton de Lannoy).

Blé blanc du pays. — Avoine jaune. — Lin brut.

Le lin, le blé et l'avoine que ce cultivateur a envoyés à l'Exposition ont été récoltés sur un sol formé d'une argile assez compacte, qui a été assainie par le
drainage.

M. Coursier estime particulièrement le blé blanc de Merville, et il atteste
aussi qu'il obtient constamment une récolte plus abondante en céréales, lorsqu'elles succèdent à la betterave. Il estime en moyenne qu'à la suite de ces ra-

cines, ses blés produisent environ trois hectolitres de plus à l'hectare, que lorsqu'ils ont été semés en place de fèves, colzas, trèfles ou autres produits.

Il a obtenu, en 1860, une médaille d'argent à l'Exposition nationale d'Agriculture de Paris, pour son lin brut.

DUPONT frères, à Pont-à-Marcq.

Lin récolté en 1859-60-61.

Ces agriculteurs ont obtenu une médaille d'argent à l'Exposition universelle de 1855.

DALLE, Jean, fabricant de lin à Bousbecque.

Lin brut. — Lin blanchi. — Lin roui une fois. — Lin roui deux fois. — Lin roui deux fois peigné à 50 p. %. — Lin roui deux fois, blanchi. — Lin roui deux fois, blanchi et peigné.

Tous ces lins ont été récoltés à Bousbecque (Nord) et rouis dans la Lys par le procédé des ballons.

Cet industriel distingué est non-seulement connu par la supériorité de ses produits, mais aussi par d'intéressantes publications qu'il a faites sur la question linière, dans les archives du Comice de Lille.

La moitié des lins fabriqués se vend pour l'Angleterre, les qualités supérieures s'exportent, les inférieures restent à Lille.

M. Jean Dalle est un des membres distingués du Comice agricole de Lille ; il fait partie aussi de la Société centrale d'agriculture de la Belgique.

DELEVOYE-VIENNE, fabricant de lins à Quesnoy-sur-Deûle.

Lin brut. — Lin teillé. — Lin roui.

Cet industriel occupe une trentaine d'ouvriers pour le rouissage et le teillage du lin. Ses produits ont de la réputation. En outre il cultive quelques hectares de terre, qui sont classés parmi les mieux soignés de la commune de Quesnoy-sur-Deûle.

On verra par le tableau que nous devons à l'obligeance de l'administration des tabacs, et qui est transcrit à la fin de ce rapport, que ce cultivateur est du nombre de ceux qui récoltent des tabacs de qualité supérieure.

A. DUMORTIER, fabricant de lin à Forest (Nord).

Lin brut. — Lin roui deux fois. — Lin roui une fois, blanchi avant d'avoir été mis à l'eau.

Les échantillons de lin présentés par cet exposant ont été récoltés sur le territoire d'Annappes (près Lille,) sur un terrain qui avait porté de l'avoine l'année précédente. Ce lin a reçu pour engrais 1100 kilogrammes de tourteaux par hectare et le rendement, pour la même superficie de terrain, a été d'environ 5000 kilogrammes.

Le sieur Dumortier occupe une quinzaine d'ouvriers à la préparation du lin, il achète tous les ans la récolte d'une vingtaine d'hectares de terre qu'il fait rouir dans la rivière de la Marque. Une grande partie de ses produits sont achetés par les filateurs de Lille, et plusieurs d'entr'eux attestent qu'il sont de bonne qualité et d'un rapport avantageux.

COEVOET, négociant à Lille.

Des cônes de houblon.

Cette respectable maison exerce un commerce considérable de houblon à Lille. Elle en fait cultiver aussi pour son compte soit en Belgique, soit dans le département du Nord.

VANDERSTRAETEN, cultivateur à Hellemmes-Lille.

Une toison.

Ce cultivateur s'est toujours fait remarquer parmi les membres du Comice par son initiative intelligente, et son zèle pour le progrès agricole. Il a obtenu diverses récompenses dans les concours, particulièrement pour les animaux de l'espèce ovine, dont il a fait des croisements avec la race Southdown.

PETITE CULTURE.

Le Comité recommande particulièrement à la bienveillance du Jury les deux représentants de la petite culture dont nous allons parler.

Ces hommes simples et laborieux ne se sont pas offerts spontanément pour concourir avec leurs confrères. Le comité, instruit de leur capacité agricole, de leur bonne conduite et de l'estime dont ils jouissent, a cru faire une œuvre utile en les engageant à envoyer des spécimens de leurs produits à l'Exposition universelle et en les désignant à l'attention du Jury.

Sans vouloir entamer ici une dissertation sur les avantages de la petite culture et ses inconvénients comparés à ceux des grandes exploitations rurales, on ne peut se dissimuler au moins que la supériorité agricole de l'arrondissement de Lille, et même de toute la Flandre française est en partie la conséquence du morcellement des terres, qui permet à une population rurale intrépide au travail de faire produire au sol un maximum inconnu ailleurs (1).

Rien n'est épargné pour obtenir ce résultat, ni engrais, ni travail, ni sueurs. Constamment attentif à l'intérêt qui le tient en éveil, le petit laboureur devance l'aurore, se couche tard, il bêche son champ ou le laboure au moment opportun, il sème de bonne heure, entoure ses plantes d'une sollicitude paternelle. Qu'importe si son travail est pénible, s'il ne se nourrit que de racines et de laitage, s'il use peu des plaisirs grossiers du cabaret, il jouit du plus grand des biens : à l'ombre de son verger ou de sa chaumière, il respire l'air pur de l'indépendance, et donne à ses enfants l'exemple salutaire d'une vie probe et laborieuse. Souvent ces hommes de fer parviennent à se créer une petite fortune qui engendre l'émulation chez les voisins, et contribue aussi à développer la richesse publique, puisque leur prospérité est fondée sur l'accroissement du revenu brut des terres qu'ils exploitent.

Deux hommes entr'autres pourraient se reconnaître dans le tableau que nous venons de tracer, ce sont les sieurs Séraphin Bague et Desruelles-Marescaux, tous deux cultivateurs à Quesnoy-sur-Deûle.

(1) Sur la quantité totale d'exploitations de l'arrondissement de Lille, il y en a 54 p. 100 qui sont inférieures à 5 hectares.

Séraphin BAGUE occupe, à Quesnoy-sur-Deûle, cinq hectares de terre qu'il cultive en tabac, betteraves, blé, avoine, etc. L'assolement suivi habituellement dans sa petite exploitation est le suivant :

Tabac, fumé avec 10,000 k. tourteaux par hectare et des boues de ville ;

Betteraves,
Blé, } sans engrais.
Avoine,

Au lieu d'avoine, il sème quelquefois du lin ; en ce cas, il fume avec 1,100 k. tourteaux d'œillettes ou de chanvre par hectare.

Les rendements qu'il obtient atteignent toujours une limite fort élevée ; on peut les évaluer comme suit, par hectare :

Tabac, environ 3,000 kilog

Betteraves, 60,000 à 70,000 kilog. de racines ;

Blé, 40 à 45 hectolitres ;

Avoine, 90 hectolitres.

Tout le mécanisme de cet assolement pivote sur la culture du tabac qui nécessite des soins multipliés et d'abondants engrais. Cette culture de jardinage étant suivie encore d'une récolte sarclée, le blé arrive dans une terre purgée rigoureusement de toutes mauvaises herbes, et l'arrière-fumure, qui persiste dans le sol fournit à cette graminée une nourriture mieux appropriée à ses besoins que si on avait appliqué des ng rais récents; aussi la moisson, solide dans ses chaumes, résiste à la verse, et fournit du grain en abondance.

Les tabacs livrés par ce cultivateur sont fort estimés par l'administration. Ils sont souvent choisis comme type pour l'expertise des tabacs livrés par d'autres planteurs.

Séraphin Bague a quitté en 1840 la condition d'ouvrier pour se livrer à l'exploitation de quelques parcelles de terre. Aujourd'hui, il jouit d'une honnête aisance, une partie de ses champs lui appartiennent ainsi que sa maison d'habitation.

DESRUELLES-MARESCAUX.

Les considérations que nous venons d'exposer relativement à Séraphin Bague, s'appliquent encore à M. Desruelles-Marescaux qui est aussi estimé comme un des plus capables parmi les petits occupeurs de Quesnoy-sur-Deûle.

Il suit absolument le même système que le précédent, et ses récoltes sont également des plus intensives. Ainsi, en 1860, il obtenait par hectare :

Tabacs, environ 3,000 kilog.

Blés,   »   42 hectolitres.

Avoine,   »   88 à 90 hectolitres.

Dans la moyenne, et encore moins dans la grande culture, on n'obtient pas de tels résultats.

Desruelles-Marescaux n'exploite que trois hectares de terre. Il est propriétaire de deux hectares et de sa maison d'habitation.

Ainsi qu'on le verra plus loin, nous tenons de l'obligeance de M. le Directeur de l'Administration des tabacs de Lille, un tableau sur lequel sont consignés les mérites respectifs des planteurs qui ont fourni les échantillons qui vont figurer avec les produits de l'arrondissement de Lille à l'Exposition universelle. On peut y remarquer que les notes concernant les sieurs Séraphin Bague et Desruelles-Marescaux sont très-favorables.

Ces deux cultivateurs exposent :

Lin brut. — Avoine blanche. — Blé du pays. — Tabac.

COGET frères, cultivateurs et fabricants de sucre à Thumeries.

Sucre de betteraves.

Ces honorables industriels appartiennent à une famille d'anciens propriétaires-cultivateurs dans laquelle le civisme et la probité sont traditionnels.

Leur père a créé, le premier, dans l'arrondissement de Lille, en 1825, une sucrerie de betteraves qui, depuis, s'est toujours distinguée par la supériorité de ses produits. Ses fils ont adopté successivement dans leurs usines les progrès sérieux qui ont été accomplis dans cette branche de travail, et ils ont donné par leur succès un salutaire exemple des avantages attachés à l'alliance de l'agriculture et de l'industrie.

FRAPPÉ, fabricant d'amidon et cultivateur à La Madeleine lez-Lille.

Amidon.

Cet industriel est un des membres les plus zélés du Comice agricole ; ses connaissances pratiques en agriculture, son entente de l'économie du bétail permettent au Comice de le désigner souvent pour faire partie de commissions dont il est l'une des lumières. Son usine peut être considérée comme une annexe de son exploitation rurale, car les résidus de son amidonnerie sont utilisés en grande partie chez lui, soit pour la nourriture des bestiaux à l'engrais, soit pour la fertilisation des terres.

L. BIGO, fabricant de sucre et distillateur à Lille (section d'Esquermes).

Sucre de betteraves. — Alcool de betteraves. — Alcool de grains.

Cet industriel exploite une usine fondée en 1845 pour la production exclusive du sucre de betteraves. Depuis, il a annexé à sa sucrerie une distillerie de grains et de betteraves.

Cette importante usine consomme annuellement 20,000,000 de kilogrammes de betteraves, dont :

      10,000,000 kilos sont livrés à la fabrique de sucre.
      10,000,000 kilos   d°   distillerie.

En outre, 2,500,000 kilos de grains sont convertis en alcool.

Le produit brut de la fabrication s'élève à 1,610,000 francs, composés comme suite ;

500,000 kilos de sucre à 70 fr.	350,000	»
300,000 kilos mélasse à 18 fr	54,000	»
2,000,000 kilos pulpe à 10 fr	20,000	»
4,500 kilos alcool de betteraves à 90 fr .	405,000	»
2,000,000 kilos de pulpe à 10 fr.	20,000	»
7,500 hectolit. alcool de grains à 90 fr.	675,000	»
Drèche 175,000 hectolitres à fr. 50 c	86,000	»
Total . . . . . . F .	1,610,000	»

Le nombre total d'ouvriers employés par ce manufacturier est de **280**; sur ce chiffre 50 ouvriers travaillent à l'extérieur à la conservation des betteraves.

L'usine a pour moteurs :

10 générateurs ayant une force totale de 475 chevaux, et 4 machines à vapeur.

Les produits de la fabrique de M. Bigo sont généralement estimés par le commerce du sucre et de l'alcool.

COUSIN-POLLET et fils, distillateurs et cultivateurs à Lambersart.

Alcool de betteraves. (Produits d'une distillerie agricole.)

Cet habile agriculteur est bien connu non-seulement pour sa capacité dans la culture et dans l'élève du bétail, mais aussi par les nombreuses récompenses qu'il a obtenues dans diverses concours et dont voici l'énumération :

1° Une médaille de 1re classe à l'exposition universelle de 1855 ;
2° Grande médaille d'honneur pour bonne tenue d'exploitation ;
3° Trois médailles d'or dont une au concours général de 1860 ;
4° Une médaille en vermeil ;
5° Dix-neuf médailles d'argent et huit de bronze.

Comme cultivateur, M. Cousin-Pollet peut donc être placé parmi les plus méritants de l'arrondissement de Lille.

Il a établi, en 1861, une distillerie par le procédé Champonnois qui consomme en 24 heures 48,000 kilos de betteraves.

H. FRANCHOMME, fabricant d'huiles, graisses industrielles et dégras, à Lille.

Mention honorable à l'Exposition universelle de 1855.

Divers échantillons de dégras pour distilleries, de graisses pour fabriques de sucre, d'huile pour ensimage des laines, etc., etc.

Ce manufacturier livre à la consommation une nombreuse variété de matières grasses qui reçoivent divers emplois industriels et qui sont utilisées

La production annuelle de son usine est d'environ 900,000 fr. Ce chiffre surtout par les fabriques de sucres et les distilleries ; ses produits sont estimés, et il s'attache à les obtenir à prix réduits, sans toutefois diminuer leur qualité.

est relativement élevé en considération du peu de valeur de plusieurs articles qu'il fabrique en grande quantité. Il importe aussi directement de **Karikal** (Indes Françaises) du beurre de coco, pour un chiffre annuel de 250,000 fr. environ, et des huiles de palme qui viennent de la côte d'Afrique.

M. Franchomme a fait une étude attentive des corps gras , et il s'est attaché à produire des huiles ou des graisses ayant une destination spéciale à chaque genre de fabrication.

B. CORENWINDER et Cie, fabricants de sucre, d'alcool et de potasse à Quesnoy-sur-Deûle.

Ces industriels exposent :

Deux bocaux de racines conservées dans la pulpe. — Deux bocaux de potasse de betteraves. — Un flacon sucre de betteraves. — Un flacon alcool de betteraves. — Un flacon alcool de mélasse. — Un flacon alcool amylique.

L'usine de Quesnoy-sur-Deûle a été fondée en 1852. Elle occupe près de **300** ouvriers tant à l'intérieur qu'à l'extérieur.

La consommation en matière brute est de :

22,000,000 kilos betteraves pour en extraire le sucre.

3,000,000 kilos de betteraves convertis en alcool.

2,400,000 kilos de mélasse   d°

Le produit brut de la fabrication peut-être évalué comme suit pour la compagne 1861-62.

Fabrication du sucre.

1,100,000 kilos sucre à 66 fr. . . .	726,000	
700.000 kilos mélasse à 17 fr. . .	119,000	899,000
4,500,000 kilos pulpe à 12 fr. . . .	54,000	

Alcool de betteraves.

1,200 hectolitres à fr. 80 . . .	96,000	
6,000,000 kilos pulpe à fr. 12 . . .	7,200	103,200

Alcool de mélasse.

6,500 hectolitres alcool à fr. 80 .	520,000	
260,000 kilos potasse brute à 36 fr.	93,600	613,600

Total . . . . F. 1,615,800

L'usine exploitée par MM. B.ⁱⁿ Corenwinder et Cie est mue par quatre machines à vapeur et dix générateurs présentant une force totale de 480 chevaux.

Voir le Rapport sur M. Corenwinder à la section des Arts chimiques.

CULTURE DU TABAC.

La culture du tabac a exercé une grande influence sur le développement de l'agriculture dans l'arrondissement. On peut affirmer que nulle part en Europe, les terres présentent un aspect aussi fertile que dans les localités où l'on cultive cette précieuse solanée. On ne saurait décrire tous les soins, toute la sollicitude dont le laboureur entoure cette plante depuis le moment où il la sème en pépinière, jusqu'au jour où, libre de tous soucis, il se rend à la ville pour fournir à l'administration le produit de sa récolte.

Au mois de mars, sur une couche de terre meuble, arrosée avec une quantité excessive d'engrais liquide, on sème le tabac, et, pour le garantir des vents du nord, on dispose autour de la pépinière une cloison de paillassons fixée verticalement en terre avec de jeunes sapins. Le sol de la pépinière est couvert de branchages pour le préserver contre les attaques des animaux. Le tabac lève avec vigueur, et au commencement de juin, on procède au repiquage.

La terre où on plante le tabac est toujours préparée par plusieurs labours et ameublie par des hersages réitérés. On lui communique une fertilité excessive par une addition d'engrais qui paraît exagérée et dont on ne pourrait cependant diminuer la quantité sans danger. Cette terre reçoit par hectare 50,000 kilog. de fumier et 9 à 10,000 kilog. de tourteaux, aussi peut-on cultiver 3 ou 4 années ensuite sans aucun engrais.

Les jeunes tabacs sont plantés au cordeau, en ligne droite et en quinconce, avec autant de soin que s'il s'agissait d'une opération de jardinage. Les sujets sont espacés de telle façon qu'on en compte 40 à 44,000 par hectare.

Le tabac repiqué, on couvre chaque plante avec un peu de déchets de lin (anas) pour les préserver de l'ardeur du soleil.

Autrefois on versait en outre entre les lignes de plantes de l'engrais flamand dont les effets étaient instantanés et favorisaient singulièrement la végétation.

Aujourd'hui par suite des exigences de l'administration qui proscrit l'engrais flamand pour la culture du tabac, on se dispense le plus souvent d'employer cette matière après la plantation, mais en beaucoup de localités, on arrose en hiver et même au mois de mars, avec cet engrais, la terre qu'on destine à porter du tabac. Employé de cette façon, l'engrais flamand n'a pas les inconvénients qu'on redoute.

Toutes les opérations de culture exigent ensuite des soins multipliés: on sarcle, on bute les plantes, on entretient les rigoles. Le bourgeon terminal est enlevé pour ne laisser qu'un nombre de feuilles déterminé (8 à 9), on enlève aussi les bourgeons axillaires à mesure qu'ils apparaissent, et, si la terre a été convenablement préparée et bien fumée, on voit se développer une végétation luxuriante qui ne craint que les ravages de la grêle.

La récolte se fait en septembre. Les feuilles sont enfilées sur des ficelles qui traversent leur pétiole, puis elles sont exposées à l'air sous des hangars (ourdages) pour les faire sécher avec lenteur et régularité.

Le produit brut d'un hectare de terre planté en tabac s'élève quelquefois jusqu'à 3,000 fr. non compris l'amélioration du sol et l'arrière fumure qui permet de cultiver plusieurs années sans engrais.

L'importance de la production du tabac dans l'arrondissement de Lille, se trouve consignée dans le tableau suivant: On y remarque que le revenu brut d'un quintal métrique a été à peu près le même pendant les années 1856, 1857, 1858, 1859, mais qu'en 1860, ce revenu a diminué sensiblement.

Cette malheureuse circonstance doit être attribuée aux conditions atmosphériques qui ont été on ne peut plus défavorables pendant l'été de cette année.

DIRECTION GÉNÉRALE DES TABACS.

ANNÉE.	Nombre de planteurs.	IMPORTANCE DE LA CULTURE.			QUANTITÉS ET VALEURS DES TABACS PAYÉS.							PRIX du QUINTAL.	RENDEMENT à l'hectare.	
		H.	A.	C.	SUR-CHOIX.	1re QUALITÉ	2me QUALITÉ	3me QUALITÉ	NON MARCHANDS.	TOTAL	SOMMES payées.		en POIDS	en ARGENT
1856	1,178	623	23	9.	50,251	317,537	380,858	355,585	615,699	1,720,910	1,579,242 20	91 70		
1857	1,189	611	87	3.	83,133	402,333	404,158	359,788	569,262	1,818,703	1,760,910 70	96 82		
1858	1,413	836	10	99	66,963	398,958	469,012	474,336	903,619	2,313,826	2,137,995 20	92 40		
1859	1,625	868	26	1.	59,709	415,512	532,724	547,471	854,146	2,409,628	2,262,018 70	93 8.		
1860	1,414	867	92	79	"	127,623	342,037	428,346	1,191,327	2,089,903	,610,235	» 77 04		
Totaux.	6,819	3,837	41	22	260,11?	1,061,963	2,130,389	2,166,526	4,134,053	10,032,989	9,350,401 80			
Moyenne des cinq années.	1,363	767	48	24	52,0?3	332,39?	426,065	433,305	826,810	2,070,597	1,670,080 36	90 31	2,090	2,436 64

OBSERVATIONS.

Deux variétés, le Philippin et le Croquart, pour ne pas parler des tabacs cultivés à titre d'essai depuis quelques années, semblent avoir donné naissance aux différentes espèces que l'on rencontre dans le Nord. Le Philippin se distingue du second par sa forme étroite et allongée, par la finesse de ses nervures et de son tissu; sa couleur est plus vive et plus foncée, et son arome plus fin et plus prononcé. Le Croquart, au contraire, présente un grand développement qui se prolonge jusqu'au point d'intersection sur la tige; sa charpente est beaucoup plus forte et son tissu peu serré, sa couleur est moins prononcée et ne fait que s'affaiblir en magasin, son goût manque de finesse quoiqu'il soit assez développé.

L'on peut s'expliquer par ce qui précède la préférence de l'administration pour le premier et celle des planteurs pour le second qui leur donne beaucoup plus de poids, et qui est en outre beaucoup plus facile à sécher, ce qui fait que le 1/3 de la culture se compose encore de Croquart.

Sauf les non marchands qui entrent dans la fabrication du tabac à fumer à prix réduits, les tabacs du Nord sont employés en certaine proportion pour la poudre.

L'administration des tabacs de Lille a eu l'obligeance de fournir elle-même les tabacs qui vont figurer à l'exposition universelle. Ces échantillons ont été pris dans les fournitures faites par douze planteurs qui peuvent être considérés comme les plus capables de l'arrondissement.

Dans le tableau suivant que l'administration a bien voulu dresser à l'intention du Comité local, se trouvent indiqués les noms des exposants, leur domicile, leur mérite comme planteurs, et des observations sur la qualité de leurs tabacs.

Nos d'ordre	NOMS des PLANTEURS.	DOMICILE.	RENSEIGNEMENTS.
1	Delemazure, Henri.	Herlies.	Fort tabac bien sain, qualité supérieure. Planteur soigneux, aisé et à même de faire de grands sacrifices pour sa culture, livrant chaque année des tabacs de qualité supérieure et dont le prix n'atteint jamais moins de 95 à 98 fr. les 100 kilog. Exploitation totale 15 hect.; superficie plantée en tabac 1 hect. 10 ares.
2	Deleval, Joseph.	Wicres.	Tabac un peu court, qualité supérieure, bien corsé. Planteur expérimenté, soigneux, loyal et, faisant des sacrifices pour sa culture. Récoltes excellentes depuis 18˙6; le taux moyen de celle de 1861 atteint le chiffre de 108 fr. le quintal. Exploitation générale 1 hect. 1/2, en tabac 30 ares.
3	Guery, Louis.	Illies.	Bon tabac, côtes un peu chargées Planteur très-entendu, récoltant régulièrement de bons produits, dont le prix moyen au quintal métrique varie entre 95 et 105 fr.; faisant usage de bons engrais consistant principalement en marcs de colza et d'œillette. Exploitation totale 1 hect. 1/2. Culture moyenne en tabac 60 ares.
4	Delevallée, Eloi.	Id.	Beau tabac, pointes abimées. Bon planteur, soigneux et fumant fortement ses terres; récoltes excellentes depuis 1856 et payées en moyenne 97 fr. les 100 kilog. Exploitation totale 5 hect., en tabac 85 ares.
5	Delemazure, veuve.	Id.	Bon tabac, belle couleur. Planteur loyal et consciencieux, faisant usage de bons engrais et en quantité suffisante; récoltes supérieures et très-égales, payées de 94 à 98 fr. les 100 kilog. Exploitation générale 12 hect. Superficie plantée en tabac 1 hect. 50 ares.
6	Turpin, Alexandre.	Herlies.	Bon tabac, couleur terne. Ancien planteur, très-entendu à la culture du tabac et livrant chaque année des produits exceptionnels. Moyenne générale du quintal métrique 104 fr. Exploitation totale 2 hect. 1/2, en tabac 45 ares.
7	Fauquenoy, Jean-B.	Illies.	Bon tabac, pointes usées. Bon planteur, aisé, loyal et progressif; récoltes bien suivies payées de 92 à 100 fr. le quintal métrique. Exploitation totale 5 hect., en tabac 85 ares.
8	Bague, Séraphin,	Quesnoy.	Bon tabac. Très-bon planteur faisant des sacrifices pour sa culture; moyennes au quintal métrique variant de 95 à 105 fr.; livrant ordinairement ses produits pour échantillons. Exploitation totale 5 hect., en tabac 85 ares.
9	Deruelle-Marécaux.	Id.	Tabac bien corsé. Ancien et bon planteur, livrant des produits réguliers et bien soignés. Moyennes de 90 à 100 fr. les 100 kilog. Exploitation totale 3 hect., en tabac 45 ares.
10	Delevoye-Vienne.	Id.	Bon tabac un peu bigarré. Ce planteur a cessé de 1856 à 1860. Très-bons produits en 1861. Exploitation totale 2 hect., en tabac 35 ares.
11	Lepercq-Villers.	Id.	Bon tabac. Planteur très-aisé, fumant fortement ses terres; loyal et progressif. Exploitation totale 20 hect., en tabac 1 hect. 15 ares.
12	Picavet-Catrix.	Id.	Tabac bigarré. Planteur très-entendu à la culture; moyennes au quintal métrique ne variant que de 97 à 100 fr. Exploitation totale 15 hect., en tabac 1 hect. 30 ares.

Le Rapporteur de la section d'agriculture du Jury de l'arrondissement de Lille,

Benjamin CORENWINDER.

DEUXIÈME SECTION

ARTS CHIMIQUES

Président : M. KUHLMANN.
Rapporteur : M. LAMY.

C. BÉRIOT, à Lille (section des Moulins).

Chicorées et vernis.

50 ouvriers. Chicorées, 540,000 francs ; Vernis, 90,000 francs.

M. Bériot est un des plus importants fabricants de chicorée du nord de la France ; son chiffre d'affaires dépasse un demi-million. En outre, M. Bériot fabrique pour 90,000 fr. de vernis.

En mars 1855, il a pris un brevet pour un matériel nouveau destiné à la torréfaction de la chicorée, et dont le succès a été tel qu'il lui a permis de doubler sa fabrication et de réaliser sur la main-d'œuvre une économie de 15 p. % dont il a pu faire jouir le consommateur.

BONZEL frères, à Haubourdin.

Céruse et chicorée.

70 ouvriers. 625,000 francs.

Médaille de 2ᵉ classe à l'Exposition universelle de 1855.

Plusieurs médailles obtenues aux expositions départementales et surtout une médaille de 2ᵉ classe à l'Exposition universelle de 1855 témoignent des efforts de MM. Bonzel frères pour améliorer leurs produits, et des perfectionnement notables qu'ils ont apportés à leur fabrication.

Ch. BREBAR, à Lille.

Peintures siliceuses.

30 ouvriers.   40,000 francs.

Médaille de 2ᵉ classe comme coopérateur à l'Exposition universelle de 1855.

M. Brebar se recommande surtout à l'attention du Jury par la constance et l'intelligence avec lesquelles il a su mettre en pratique les procédés de peintures siliceuses dûs aux recherches de M. Kuhlmann.

Son exposition s'applique exclusivement à la décoration des bâtiments, dans laquelle le silicate de potasse et le sulfate artificiel de baryte jouent le rôle principal. Les efforts de M. Brebar ont été reconnus et récompensés déjà par de nombreuses médailles accordées par les Expositions départementales et particulièrement par une médaille de deuxième classe, accordée à titre de coopérateur, à l'Exposition universelle de 1855.

A. CHAPUS, à Lille (section de Wazemmes).

Bleus d'outremer.

16 ouvriers.   200,000 francs.

Médaille de 1ʳᵉ classe à l'Exposition universelle de 1855 à la maison Chapus et B. Richter.

La maison Chapus et B. Richter, fondée en 1849 a été sans contredit la première fabrique d'outremer du nord de la France. Pour l'importance et la qualité de ses produits, elle a obtenu une médaille de première classe à l'Exposition universelle de 1855. Aujourd'hui MM. Chapus et Richter dirigent chacun un établissement industriel distinct. M. Chapus signale principalement comme progrès réalisés depuis 1851 la beauté variée de ses outremers et une résistance à l'alun très-notablement supérieure à celle qu'ils présentaient en 1855.

B. CORENWINDER et Cⁱᵉ, à Quesnoy-sur-Deûle.

Sucre de betteraves. — Alcool de betteraves. — Alcool de mélasse. — Potasse brute.

250 ouvriers.   1,600,000 francs.

La fabrique de MM. B. Corenwinder et Cⁱᵉ fait usage, depuis son origine, du procédé basé sur l'emploi de l'acide carbonique, qui consiste, on le sait, à épurer les jus de betteraves avec une proportion de chaux assez considérable et à séparer ensuite l'excès d'alcali par un courant de gaz carbonique.

Avant M. Corenwinder, ce procédé était appliqué dans quelques usines, mais il est de notoriété publique que jusqu'alors il laissait beaucoup à désirer. Les connaissances chimiques de l'auteur lui ont permis de rendre ce procédé pratique pour tout le monde et de lui faire produire tout l'avantage que l'industrie en retire aujourd'hui.

Vers 1852, et en se fondant sur les lois chimiques de la cristallisation, M. Corenwinder est parvenu à produire du sucre brut presque pur et se présentant en grains cristallins. A cette époque on ne connaissait guère que le sucre en poudre amorphe, déliquescent; aussi les produits de la fabrique de Quesnoy-sur-Deûle ont-ils acquis bientôt une réputation méritée.

Ce même fabricant est l'auteur d'un procédé d'appréciation pratique du charbon animal pour la décoloration des jus. C'est un moyen d'analyse aussi prompt que facile, à la portée de tout le monde, et qui permet de reconnaître si un noir a les qualités voulues pour produire les effets qu'on en attend.

Une distillerie est annexée à la fabrique de sucre exploitée par MM. Benjamin Corenwinder et Cie. Elle permet de distiller dans l'établissement même les mélasses produites par la sucrerie ainsi que les sirops achetés à d'autres usines. L'utilité de cette adjonction est si manifeste que dans l'opinion de M. Corenwinder la réunion d'une distillerie et d'une sucrerie est la condition la plus nécessaire pour retirer de la betterave tous les avantages que cette racine est susceptible d'offrir à l'industrie.

La fabrique exploitée par MM. Benjamin Corenwinder et Cie est disposée d'une manière si favorable au succès des opérations qu'elle a servi de modèle à la plupart des usines similaires créées depuis sa fondation. Un grand nombre de jeunes gens qui dirigent aujourd'hui avec succès d'autres établissements y ont puisé non seulement la connaissance des bonnes méthodes pratiques, mais aussi les notions de chimie spéciale nécessaires à la surveillance et à la direction clairvoyante des travaux. L'usine, du reste, est ouverte à toutes les personnes qui s'occupent d'industrie sucrière, et aujourd'hui iles procédés employés par elle se sont vulgarisés et ont rendu les insuccès moins fréquents.

On peut affirmer, sans crainte, que l'établissement de Quesnoy-sur-Deûle a été pendant longtemps l'école d'un grand nombre de fabricants de sucre de betteraves.

M. Corenwinder a introduit un procédé de conservation de la pulpe de betteraves usité en Allemagne et qui consiste à stratifier en silos des couches épaisses de pulpe avec de minces couches de courte paille de graminées La paille acquiert des propriétés plus digestives, et la pulpe se conserve beaucoup mieux.

Enfin il a constaté le premier qu'on peut conserver sans altération des racines coupées en tranches en les mélangeant dans les silos avec la pulpe de betteraves. A ces services rendus à l'industrie et à l'agriculture, M. Corenwinder joint des titres scientifiques. D'importants travaux en chimie et en physiologie agricole lui ont valu l'honneur d'être nommé membre correspondant de la Société Philomathique, de la Société impériale d'agriculture de France, et membre résidant de la Société des Sciences de Lille.

DESESPRINGALLE, Alfred, à Lille.

Produits chimiques

25 ouvriers.   400,000 francs.

Chimiste et industriel intelligent, M. Desespringalle a donné un grand développement à la fabrication des produits phamaceutiques. Pureté des produits dérivés de l'alcool, et grande diminution de prix, tels sont les progrès réels qui caractérisent principalement cette fabrication et méritent de fixer l'attention du Jury des récompenses.

DORNEMANN, à Lille.

Bleus d'outremer.

35 ouvriers.   400,000 francs.

Nous signalerons particulièrement à l'attention du Jury un progrès important dans la fabrication de M. Dornemann. A l'aide de procédés de cuisson, qu'il regarde comme nouveaux, ce fabricant obtient par une seule opération, un bleu aussi foncé, aussi éclatant qu'avec l'ancien système, qui exigeait généralement trois opérations successives. Un choix intelligent des matières premières, du kaolin en particulier, renfermant au moins 60 à 65 % d'acide silicique, donne aux produits de M. Dornemann la précieuse propriété de résister énergiquement à l'action de l'alun. Ces produits ont été, du reste, plusieurs fois récompensés par des médailles obtenues à diverses expositions, lorsque la fabrique était sous la raison sociale Bonzel frères.

GAUTIER-BOUCHARD.

Céruse.

65 ouvriers.

Ancien associé de M. Poelmann, M. Gautier-Bouchard peut invoquer en faveur de sa fabrication les antécédents de l'établissement qu'il dirige seul aujourd'hui. c'est-à-dire les divers perfectionnements apportés par M. Poelmann à la fabrication de la céruse sous le double rapport de l'hygiène et du progrès industriel, perfectionnements qui ont valu à leur auteur plusieurs distinctions, entr'autres une médaille de 1re classe à l'exposition de 1855.

Nous devons ajouter que M. Gautier-Bouchard a établi sur d'autres points de la France plusieurs fabriques de couleurs où se révèle un esprit d'entreprise des plus intelligents.

KUHLMANN et Cie, à Lille.

Produits chimiques.

Six usines, à Loos, La Madeleine, St-André, Corbehem, Bayonne et Amiens.

1200 ouvriers. 5,000,000 francs.

Prize medal à l'Exposition de Londres en 1851. — Membre du Jury de l'Exposition universelle en 1855.

Indépendamment des produits généraux de la fabrication des acides minéraux, des soudes et des potasses, MM. Kuhlmann et Cie exposent divers produits nouveaux comprenant : 1° une série de sels de baryte et des applications de ces sels à la teinture ; 2° des spécimens de peintures siliceuses sur verre, sur bois, sur plâtrage, et des ciments et enduits où la céruse et le blanc de zinc se trouvent remplacés par des bases blanches de peu de valeur. Dans ces peintures et enduits, le sulfate artificiel de baryte, l'albâtre, le spath calcaire, le kaolin, etc., sont agglutinés au moyen des silicates solubles ou de ces silicates additionnés de gélatine ou d'amidon ; 3° des échantillons d'impression siliceuse sur étoffes ; 4° enfin une couleur bleue extraite de l'huile de coton et un vert de cuivre non arsenical.

La maison Kuhlmann et Cie, dont l'importance des affaires était évaluée dans le rapport du Jury de l'Exposition de 1855, à trois millions de francs, s'est augmentée depuis cette époque d'une exploitation de salines dans le midi de la France et d'une fabrique de sucre de betteraves avec distillerie près de Douai. Dans les établissements de La Madeleine et de St.-André, près de

Lille, à la fabrication en grand des silicates solubles, est venue s'adjoindre toute une industrie nouvelle, celle de la baryte, qui a donné naissance aux applications les plus variées. Nous signalerons, en particulier, la fabrication du sulfate artificiel de baryte qui est devenue la base des peintures siliceuses et leur a assuré un immense avenir.

Le rapport du Jury de 1855 a fait connaître la part que cette maison a prise dans le développement et le perfectionnement des arts chimiques en France. Son chef, qui a professé la chimie pendant trente-deux ans, a enrichi les applications de cette science à l'industrie d'une foule d'observations et de découvertes consignées en grande partie dans les comptes-rendus de l'Académie des sciences, dont M. Kuhlmann est un des membres correspondants les plus actifs.

L'énumération suivante des recherches publiées par M. Kuhlmann depuis l'exposition de 1855, permettra d'apprécier ce que peut le travail persévérant d'une intelligence d'élite :

Cinq Mémoires successifs sur les chaux hydrauliques, les pierres artificielles et sur diverses applications des silicates alcalins solubles.

Résumé théorique sur l'intervention des silicates alcalins dans la production artificielle des chaux hydrauliques, des ciments et des calcaires siliceux.

Considérations géologiques sur la formation des roches par la voie humide.

Production artificielle et par voie humide de chlorure d'argent.

Deux mémoires sur divers phénomènes d'oxydation et de réduction.

Études théoriques et pratiques sur la fixation des couleurs dans la teinture.

Études théoriques et pratiques sur les impressions, les apprêts et la peinture.

Trois mémoires concernant l'industrie de la baryte ; production du chlorure de baryum avec les résidus de la fabrication du chlore ; production par voie de double décomposition des sels de baryte ; application des sels barytiques à la production des acides nitrique, chlorhydrique, tartrique, acétique, chromique, etc. ; substitution des sels barytiques aux sels de potasse dans la teinture et l'impression.

Trois mémoires sur les oxydes de fer et de manganèse et certains sulfates considérés comme moyen de transport de l'oxigène de l'air sur les matières combustibles.

Altération du bois des navires ; ciment à froid avec les résidus de soude et l'oxyde de fer provenant de la combustion des pyrites.

Production artificielle des oxydes de manganèse et de fer cristallisés et cas nouveaux d'épigénies et de pseudomorphisme.

Mémoire sur une nouvelle couleur bleue préparée avec l'huile de coton.

C. LEPAN, à Lille.

Plomb, étain, zinc et alliage en tuyaux et en feuilles.

16 ouvriers. 800,000 francs.

Médaille en argent de 1re classe à l'Exposition universelle de 1855.

Depuis l'Exposition de 1851, M. Lepan a réalisé, dans la fabrication par compression des tuyaux d'étain et de plomb, des progrès assez notables pour qu'ils aient été jugés dignes de la plus haute récompense accordée à ce genre d'industrie à l'exposition de 1855. Ces progrès consistent surtout dans les améliorations apportées à l'outillage pour obtenir avec moins de dérangement dans les appareils et en même temps avec plus de régularité dans les produits, tous les calibres, toutes les formes désirables. Le Jury des récompenses constatera un nouveau progrès dans les tuyaux de zinc que M. Lepan expose et qui ont l'avantage de réunir la résistance au bon marché.

HUMBERT-LERVILLES, sous la raison sociale J. LERVILLE, à Lille.

Chicorée.

90 ouvriers. 500,000 francs.

Mention honorable en 1851.

M. Humbert Lervilles a obtenu une mention honorable à l'exposition de 1851. Depuis cette époque, il a beaucoup développé et perfectionné sa fabrication, il se recommande aujourd'hui à l'attention du Jury par la beauté des produits qu'il expose, par leur qualité et par la variété des formes sous lesquelles il les livre à la consommation.

PERUS, Jules et Cie, à Lille (faubourg de Fives).

Céruse.

25 ouvriers. 600,000 francs.

M. J. Perus fabrique la céruse par le procédé *hollandais*. La beauté des produits bruts qu'il expose et le chiffre de sa production, 600,000 francs, témoignent de l'importance de sa fabrication et des perfectionnements qu'il a su y introduire depuis l'origine, relativement très-récente, de la fondation de son établissement (février 1859). Nous ajouterons que la fabrique est disposée de façon à diminuer considérablement pour les ouvriers les inconvénients de toute la manipulation de la céruse.

B. et F. RICHTER, à Lille (section de Wazemmes).

Bleus et verts d'outremer.

40 à 50 ouvriers.   4 à 500,000 francs.

Médaille de 1re classe à l'Exposition universelle de 1855, obtenue par la maison Chapus et Richter.

M. Richter, de l'ancienne maison Chapus et Richter, où il dirigeait la partie technique, a créé, en 1859, un établissement à peu près triple de l'ancien. La valeur des produits fabriqués atteint un demi-million de francs. Comme progrès réalisé depuis 1851, nous devons signaler à la bienveillante attention du Jury une augmentation notable de la richesse des outremers en matière colorante, une plus grande résistance à l'action de l'alun, une diminution dans les prix de vente, résultant principalement de la substitution partielle du sulfate au carbonate de soude, d'une réduction dans la quantité de soufre employé, et enfin d'une économie considérable dans le combustible brûlé.

Le Rapporteur,
LAMY.

Vu :
Le Président du jury d'admission de l'arrondissement de Lille,

TROISIÈME SECTION

ARTS MÉCANIQUES

Président : M. Achille WALLAERT.
Rapporteur : M. Ferdinand MATHIAS.

BAUCHET-VERLINDE et Cie, à Lille.

Machines à régler le papier.

MM. Bauchet-Verlinde et Cie, marchands de papier à Lille depuis trente ans , et fournisseurs d'un très-grand nombre d'établissements commerciaux et industriels , etc. , ont inventé, il y a vingt ans , et d'abord pour leur propre usage , une machine à régler qu'ils n'ont cessé d'améliorer depuis. Aujourd'hui , ils l'ont amenée à un degré de perfection qui les a placés au premier rang parmi les constructeurs de ce genre d'outils.

Les modèles qu'ils exposent prouvent qu'il n'existe pas de difficulté et de complication dont leur machine ne triomphe facilement ; cependant il n'en est pas de plus expéditive, car un ouvrier ordinaire peut régler 2,500 mètres de papier par heure.

Déjà, à l'Exposition de 1851, les directeurs de la banque de Londres furent frappés par la beauté des produits de MM. Bauchet-Verlinde et Cie et se firent adresser un rapport spécial. Un exemplaire de ce rapport , avec des modèles annexés , fut offert au prince Albert et déposé dans sa bibliothèque.

Sur les instances de leurs confrères, MM. Bauchet-Verlinde et Cie leur ont livré depuis quelques années plus de cent machines dont 34 fonctionnent en France, 20 en Belgique, 7 en Espagne, 13 en Italie, 4 en Allemagne, 2 en Amérique, etc.

La commission pense que les machines et les modèles de MM. Bauchet-Verlinde et Cie attireront l'attention spéciale du Jury.

CLIQUENNNOIS frères, à Lille (section des Moulins)

Une calèche.

140 ouvriers.   300,000 francs.

Médaille de 2e classe, Exposition universelle de 1855.

La réputation de MM. Cliquennois s'étend bien au-delà du département du Nord ; la qualité des matières premières qu'ils emploient, la perfection de leur travail de forge, l'élégance des formes, la richesse et le bon gout des garnitures leur ont assuré des clients nombreux et fidèles en France, en Espagne, en Amérique , etc.

La calèche qu'ils exposent est à tous égards digne d'un sérieux examen. Elle frappe d'abord par le luxe et l'harmonieuse unité de l'ornementation. Puis on remarque des perfectionnements importants dans la partie technique de la construction.

Nous appelons l'attention du Jury sur les ressorts de derrière qui supportent un siége pour deux personnes. Afin d'éviter l'influence de cette charge variable sur la suspension de la caisse, MM. Cliquennois ont consolidé la partie postérieure des ressorts à pincettes d'une manière très-ingénieuse.

Les lanternes, appelées phares par les constructeurs, sont montées tout en glaces, ce qui permet d'éclairer l'intérieur de la voiture ; l'aspect en est très-heureux, et la disposition nous paraît tout-à-fait nouvelle.

MM. Cliquennois se présentent à l'Exposition avec d'honorables antécédents ; la médaille qu'ils ont obtenue à Paris, en 1855, a stimulé leurs efforts, et il est à désirer qu'un nouveau succès vienne récompenser leurs travaux.

DELCAMBRE, Isidore, à Lille.

Machines à composer et à distribuer les caractères d'imprimerie.

DUBRULLE, André, à Lille.

Lampes de sûreté pour les mines.

30 ouvriers.

La lampe exposée par M. Dubrulle est depuis plusieurs années répandue non seulement en France, mais encore à l'étranger. Les mines d'Anzin, de Douchy, de la Moselle, de la Lys, du Creusot, de la Loire, et de l'Autriche, ont lieu de se féliciter du choix qu'elles en ont fait.

Cette lampe fonctionne pendant 16 heures sans qu'il soit besoin d'y toucher, et s'éteint, si pendant cet intervalle on essayait de l'ouvrir.

HARDING-COCKER, à Lille.

Peignes pour filatures.

96 ouvriers. 400,000 francs.

Prize médal en 1851, à Londres. — Médaille d'argent, Exposition universelle de 1855.

Par les heureux perfectionnements apportés à son outillage, M. Harding-Cocker est parvenu à monter dans le cuivre des pointes très-fines (22 au centimètre courant) et à employer des peignes cylindriques et circulaires pour le peignage mécanique du coton. Ces améliorations successives dans les diverses parties de sa fabrication, l'ont amené à produire à meilleur marché et à faire adopter ses articles pour le cardage des étoupes et autres matières textiles.

Lors de la dernière exposition les peignes à pointes plates étaient à peine connus : cet honorable industriel a entrepris, depuis, la fabrication de ces pointes, et a donné une très- grande extension à ce genre de peignes employé couramment pour tous les genres d'étirage et de peignage, ce qui constitue un progrès évident.

La supériorité et la durée plus grande des pions en acier trempé et poli, substitués aux pions en fer, ont valu à M. Harding-Cocker les éloges de tous les filateurs qui les emploient.

M. Harding-Cocker n'est pas un nouveau venu à l'Exposition universelle de 1862. Celles de 1851 et de 1855 lui ont valu la prize médal à Londres et une médaille d'argent à Paris, et les perfectionnements récents que cet infatigable industriel a su réaliser lui permettent d'espérer une nouvelle récompense.

HOEL-RENIER, à Lille.

3 manomètres.

60 ouvriers. 90,000 francs.

L'exposition de 1862 est la première à laquelle viendra concourir M. Hoël.

L'appareil sur lequel il désire appeler l'attention du Jury est un manomètre d'une nouvelle construction.

M. Hoël a recherché une grande solidité pour éviter des réparations et pour mettre son appareil placé sur les locomotives à l'abri des trépidations.

Le mécanisme consiste en un fort ressort plat et recourbé recevant son action d'un levier en fer à talon et commandant l'aiguille indicative par l'intermédiaire d'une roue et d'un pignon.

MOUQUET, Hector, à Lille.

Appareil à cuire dans le vide.

70 ouvriers.   800,000 francs.

Médaille de 2e classe, Exposition universelle de 1855.

Les appareils inventés et exposés par M. Mouquet justifient les nombreuses commandes qu'il reçoit chaque année tant de la France que de l'Etranger.

M. Mouquet est parvenu à créer de grandes facilités dans le travail des métaux par sa machine à cintrer les tuyaux, un spécimen de tuyau cintré figure au nombre des objets exposés et montre quel progrès considérable l'inventeur a apporté dans cette partie, l'une des plus difficiles de la chaudronnerie.

SCRIVE, Henri, à Lille.

Cardes pour filatures.

60 ouvriers.   500,000 francs.

Prize médal en 1851, à Londres. — Hors concours en 1855, à Paris, l'un des associés étant membre du Jury.

M. Henri Scrive est aujourd'hui seul propriétaire de la fabrique de cardes dont il était, depuis vingt ans, l'un des chefs comme associé de la maison Scrive frères, fondée en 1795. Cette maison est la plus considérable et la plus ancienne de France ; depuis 1806 elle a figuré à toutes les expositions, et a remporté toutes les récompenses auxquelles l'industrie peut prétendre. A Londres, en 1851, MM. Scrive ont obtenu la prize médal, et M. Désiré Scrive fut nommé chevalier de la légion d'honneur, en 1855, à Paris. Le rapport du Jury central s'exprima en ces termes :

« Cet établissement est le plus important de France et se maintient au rang distingué où l'ont placé les expositions précédentes. Les produits qu'il expose sont parfaitement fabriqués et révèlent les soins minutieux qu'on est depuis longtemps habitué à y retrouver.

» Le Jury comptant parmi ses membres M. Scrive-Bigo, et cette circonstance plaçant cette maison hors concours, regrette de ne pouvoir lui décerner la récompense à laquelle elle aurait droit de prétendre en cette occasion. »

A la suite de cette exposition M. Scrive père fut nommé Officier de la légion-d'honneur.

Nous sommes heureux de pouvoir placer dans la bouche du Jury de 1855, les éloges que cette maison mérite et dont notre plume eut été un interprête moins éloquent. Nous ajouterons que les lauriers cueillis aux expositions précédentes n'ont pas empêché M. Henri Scrive de se préparer vaillamment à la lutte pacifique qui va s'ouvrir à Londres. Un brevet de 1859 lui assure la fabrication des cardes en laines bourrées et cousues et ses produits se distinguent surtout par leur généralité. Il expose en effet tous les genres de cardes pour la laine, le coton, la bourre de soie et les étoupes de lin. On remarquera les cardes pour la laine sur tissus embourrés et cousus, dont nous venons de parler. Ces cardes depuis leur première apparition ont très-avantageusement remplacé celles sur cuir dont l'embourrage était très-défectueux.

Le Rapporteur,
Ferd. MATHIAS.

Vu.

Le Président du Jury d'admission de l'arrondissement de Lille.

QUATRIÈME SECTION

FILS ET TISSUS

Président : M. ERNOULT-BAYART.
Rapporteur : M. BOSSUT-POLLET.

PREMIÈRE PARTIE : LILLE - ARMENTIÈRES - TOURCOING.

Veuve ARRECKX-COLLETTE, à Tourcoing.

Echantillons de fils de laine gazés, lissés.

100 ouvriers. 1,200,000 francs.

Médaille de 2ᵉ classe, Exposition universelle de 1855.

M. Arreckx-Jacquart obtint en 1833 un brevet d'importation pour machines préparatoires et métiers anglais pour filer la laine longue. En 1843, il céda son établissement à son fils, M. Arreckx-Collette, qui se mit à l'œuvre, recherchant la fabrication des fils lisses et il est parvenu à les rendre similaires aux fils anglais.

Madame veuve Arreckx-Collette, qui expose aujourd'hui, a maintenu, augmenté même la bonne réputation de sa filature où elle a réalisé tous les progrès possibles, et dont les produits sont très-estimés.

J. CASSE et fils, à Lille.

Linge de table et linge ouvré.

420 ouvriers.

Médaille de 1ʳᵉ classe, Exposition universelle de 1855.

Ces fabricants tiennent une première place dans le tissu pour linge de table. Tout en se livrant avec soin à la production de la nouveauté et des riches services de linge de table pour lesquels ils ont depuis longtemps leur réputation consacrée par des commandes de S. M. l'Empereur, ces habiles et intelligents industriels ont obtenu plusieurs brevets pour perfectionnements et simplification dans la fabrication, et par suite diminution sensible des prix de ces produits dans la consommation générale.

Le Comité signale MM, J. Casse et fils comme des fabricants d'initiative, de progrès, qui méritent l'attention du Jury.

J. DEQUOY et Cie, à Lille (section des Moulins).

Filature de lin et d'étoupes. — Tissage mécanique.

1900 ouvriers.   5,000,000 francs.

L'exposition de ces grands industriels représente en trois séries les produits de leurs établissements.

Ce sont, en premier lieu, des coupes de toiles de genres distincts, en tissus écrus, teints, blanchis ou crémés, formant un ensemble assez exact de la fabrication de la toile dans le nord de la France ;

Puis vient une série importante d'échantillons de fils de lin et d'étoupes du N° 8 au N° 400 ;

Enfin, des échantillons de divers genres de fils pour cordonnier.

Tous ces spécimens, remarquables chacun dans leur genre, témoignent de l'habile direction que reçoivent les usines considérables et bien installées de ces honorables exposants, qui ont débuté modestement dans l'industrie et qui, à mesure que le succès récompensait leur travail, ont successivement, par des adjonctions raisonnées, agrandi leurs ateliers, augmenté leur matériel et sont arrivés aujourd'hui à occuper le premier rang.

Le Comité croit donc n'être que juste en recommandant ces exposants à l'attention du Jury des récompenses.

DRUMMOND-BAXTER et Cie, à Lille (section des Moulins).

Fils de jute.

150 ouvriers.   600,000 francs.

MM. Drummond-Baxter et Cie sont les importateurs à Lille de la filature de Jute, cette nouvelle plante textile, que l'Angleterre filait seule autrefois et qui est maintenant d'un usage répandu pour la fabrication des tapis, des sacs à sucre, des articles de Roubaix pour pantalons.

Cette matière ne se filait d'abord qu'à de gros numéros ; MM. Drummond-Baxter et Cie, sont parvenus à produire des fils jusqu'au N° 25, dont ils exposent des échantillons en longs brins que le Comité recommande à l'examen du Jury.

LOYER, Henri, à Lille (section de Wazemmes).

Fils de coton.

230 ouvriers.   700,000 francs.

M. Henri Loyer expose des cotons retors provenant de sa fabrication courante en N°s 150 à 300 Anglais.

A l'occasion de l'exposition de Londres, ce filateur s'est particulièrement occupé des cotons d'Algérie récoltés dans ces dernières années, et il a réussi à en obtenir un fil net, propre, fin, comme on peut le constater par le N° 200, qui est élevé eu égard à la qualité du coton employé. Les N°s 220 à 300 sont obtenus avec des cotons d'Amérique ; leur mérite est très-apprécié.

La vente qui, comme nous l'avons dit déjà, donne la règle et la mesure de la valeur des produits a constamment recherché les retors de M. Henri Loyer qui les a posés en première ligne sur les places de Calais, Roubaix et Douai.

M. H. Loyer expose avec ses filés des tulles fabriqués en tout ou en partie avec ses produits, et il constate que ces tulles unis tiennent un premier rang comme qualité et régularité, et que les tulles nouveautés jouissent aussi d'une grande faveur.

Le Comité se plaît à recommander M. H. Loyer comme un homme pratique, un bon filateur qui mérite l'attention du Jury des récompenses.

MALLET frères, à Lille.

Habillements confectionnés pour hommes.

300 ouvriers.   250,000 francs.

Ces exposants ont fondé récemment à Lille, en 1860, une maison de confection sur cette idée de trouver l'économie de leur production dans l'emploi des personnes de la campagne, femmes ou même enfants, sachant tant soit peu coudre, qui peuvent, au moyen d'une préparation particulière donnée, par le découpeur, à l'étoffe, coudre le vêtement dans toutes les conditions désirables.

De ce mode d'exploitation résulte un réel bon marché et un travail bien fait qui ont permis à MM. Mallet frères de vendre aux maisons de gros de Paris et d'exporter les 7/10mes de leur production.

MALLET frères, à Lille (section d'Esquermes).

Fils de coton, apprêtés, lustrés et glacés.

300 ouvriers. 1,800,000 francs.

Prize médal à Londres en 1851. — Médaille d'honneur (perfection incomparable). Exposition universelle de 1855.

Le Jury de Paris, en 1855, en accordant à ces filateurs une médaille d'honneur pour perfection incomparable, n'a fait que confirmer et ratifier la réputation de premier ordre de ces industriels.

Depuis cette époque, MM. Mallet ont produit quelques nouveaux filés extra-fins pour la bonneterie et la ganterie, et autres articles teints, écrus ou blanchis. Ils présentent aujourd'hui un article d'une grande importance, c'est un fil de coton extra-fin, lustré et glacé, imitation de soie, blanchi, noir et de toutes couleurs, qui remplace avec avantage la soie dans les tissus de velours, les rubans, les passementeries fines, dans les étoffes de nouveauté de Lyon, St.-Étienne, la Suisse et l'Italie.

Le Comité signale aussi les progrès que MM. Mallet frères ont réalisés depuis deux ans par la transformation de la presque totalité de leurs machines à filer et à retordre, améliorations qui ont apporté une grande économie dans la main-d'œuvre, et qui ont permis de réduire les prix de vente dans les produits similaires à ceux des Anglais.

L'importance et le mérite de ces filateurs sont unanimement reconnus, le Comité croit donc de toute justice de les signaler d'une manière spéciale au Jury des récompenses.

Z. MONCHAIN, à Lille.

Fils de lin.

95 ouvriers. 500,000 francs.

Mention honorable, Exposition universelle de 1855.

M. Zéphir Monchain s'occupe avec succès depuis vingt ans, des fils à coudre et des articles nouveautés en filature destinés au tissage des tulles et des rideaux.

C'est dans les préparations et dans le peignage mécanique que ce filateur a trouvé les premiers éléments de ce travail tout particulier dont il réclame le bénéfice comme première application.

Son exposition, composée de fils simples N°⁵ 14 à 200 en lin jaune supérieur et de quelques paquets de fil blanchi, se recommande par une grande régularité des filés produits avec soin et très-appréciés de la consommation de qualité supérieure.

PARENT, Adolphe, à Saint-André-lez-Lille.

Teinture sur lin et coton.

40 ouvriers.   100,000 francs.

M. Adolphe Parent présente à l'exposition de Londres des spécimens de teinture faits uniquement et couramment pour le commerce, sur fils de lin et de coton. Les soins apportés dans les couleurs et dans le lustrage des fils ont assuré à cette maison une place recommandable dans son genre d'industrie.

POUCHAIN, Victor, à Armentières.

Toiles et linge de table.

892 ouvriers.   1,460,000 francs.

Médaille de 2e classe, Exposition universelle de 1855.

M. Victor Pouchain a le mérite d'avoir, en 1855, introduit dans le rayon d'Armentières le tissage mécanique, en formant un atelier de 35 métiers pour la fabrication de la toiles. Depuis lors, indépendamment de son tissage à la main, qui est très-important, il a créé un nouvel établissement de 150 métiers mécaniques, qui est en pleine activité. Il est parvenu à tisser des N°⁵ 80, et il arrivera à tisser les mêmes finesses à la mécanique qu'à la main, ce qui témoigne de la bonne installation des métiers de cet honorable industriel.

Dans son exposition, M. Victor Pouchain donne un aperçu de sa production qui comprend, en toiles et en linge de table, 500 prix différents, depuis la toile à torchons à 0 35 c. le mètre jusqu'a la toile pour draps de lit de 2ᵐ 40 de largeur, à 8 fr. le mètre. Cette variété dans la fabrication et la perfection du tissus prouvent les soins qu'apporte M. Victor Pouchain dans la direction de son établissement, et les progrès qu'il a faits depuis la récompense qu'il a obtenue à Paris en 1855.

Le Comité recommande M. Victor Pouchain à la bienveillance du Jury.

Ph. VRAU, à Lille.

Fil de lin à coudre.

245 ouvriers.   7 à 800,000 francs.

M. Ph. Vrau présente à l'exposition de Londres :

1° Du fil de lin à coudre en pelottes, au Chinois, d'une qualité et d'une régularité très-remarquables, par suite d'une préparation spéciale qui le rend solide par l'assemblage des trois fils qui composent chaque brin, et qui le rend aussi très-doux et facile à la couture, offrant tous les avantages des fils glacés sans en avoir la raideur et le glissage dans le point ;

2° Du fil de lin à coudre en écheveaux, établi d'après les mêmes principes de fabrication qui assurent la force et la régularité. L'exposant signale particulièrement une qualité à la Reine-Berthe qu'il considère comme supérieure aux autres fils du même prix.

M. Ph. Vrau espère avoir résolu le problème qui consiste à donner au fil à coudre toutes les qualités d'un emploi facile, durable, économique, et le Comité croit devoir appeler l'attention du Jury sur les spécimens que renferme son exposition.

VERSTRAETE et Cⁱᵉ, à Lille et à Lomme.

Fils de lin et d'étoupes.

460 ouvriers.   1,400,000 à 1,500,000 francs.

Médaille unique de 1re classe, Exposition universelle de 1855.

MM. Verstraete et Cⁱᵉ sont des industriels d'initiative et de progrès qui ont, comme le constatait le rapport de 1855, apporté par leur travail et leur intelligence des machines, des innovations et des perfectionnements dans leur industrie.

L'importance de leurs établissements de Lomme dans lesquels ils ont réuni tous les meilleurs éléments de production, la qualité de leurs fils de lin et étoupes simples et retors, teints, blanchis ou lustrés, leur a fait une réputation qui les met au premier rang.

La maison de filterie de MM. Verstraete et Cⁱᵉ qui peut passer pour une des plus anciennes de France, puisqu'elle date de la première moitié du dixhuitième siècle, a toujours apporté dans son travail bien ordonné des améliorations qui ont assuré à ses produits une véritable faveur.

MM. Verstraete et Cie ont obtenu à Paris, en 1855 , une médaille unique de 1re clssse ; ils ont depuis lors marché dans la voie du progrès continu. Le Comité croit donc juste de les recommander à la bienveillance du Jury des récompenses.

4ᵉ SECTION. — DEUXIÈME PARTIE :

ROUBAIX

Avant - propos.

Lorsque la Commission Impériale, par la voix du Comité de l'arrondissement de Lille , fit appel, pour l'exposition universelle de 1862 à Londres, à la ville de Roubaix, les industriels , malgré la crise qui les frappait, ou plutôt à cause même de la situation grave et inquiétante qui leur était faite par l'entrée en France des fils et tissus anglais, répondirent à cette appel par environ cinquante demandes d'admission.

Pourquoi cet accord ? — C'est que les fabricants, filateurs et autres industriels ont compris qu'il fallait, non pas s'arrêter découragés, se plaindre et attendre ainsi des jours meilleurs, mais bien marcher, progresser encore et chercher à l'étranger, à l'occasion du concours de 1862 , la compensation des ventes qui allaient leur manquer en France.

Par suite de l'exiguité du Palais de l'exposition de Londres , les 50 demandes de Roubaix furent réduites à 15 admissions par la Commission Impériale, qui laissa le Comité local de Lille relever ce chiffre à 29 ou 30 et le maintenir définitivement à 24 exposants, en accordant ou plutôt en obtenant de la Commission Britannique un salon spécial.

Les places attribuées à ces 24 exposants, successivement diminuées, ont été en dernier travail réunies dans ce salon, de 10 mètres sur 5, qui pourra rappeler à l'exposition de Londres le nom, mais non pas représenter l'importance de la fabrique de Roubaix.

Jusqu'en 1861, la ville de Roubaix, sans autre stimulant que la concurrence intérieure et le goût inné du travail et du progrès industriel, a grandi, surtout dans la dernière période de 10 ans, dans des proportions considérables. Elle avait, en 1861 , quintuplé sa population en un demi-siècle, donnant alors du travail dans un rayon de plus de 15 lieues à 50,000 ouvriers; elle avait importé et fait battre à Roubaix même près de 4,500 métiers de tissage mécanique, occupant dans ses nombreux ateliers une population ouvrière d'au moins 25,000 individus, poussant sa production de tissus à 120 ou 130 millions et atteignant par ses peignages, ses filatures, ses teintureries et autres industries qui s'y rattachent, à près de 200 millions.

Telle était dans le cours de 1860 et le début de 1861, la situation de Roubaix; mais ce n'est pas plus pour le vain plaisir d'étaler une brillante position que pour jeter d'inutiles regrets sur le passé que le Comité a cru pouvoir tracer au gouvernement de l'Empereur et à la Commission Impériale le tableau d'une fabrique qui tient la tête du progrès dans l'industrie des fils et tissus. — Le Comité a un autre but: il croit de son devoir de solliciter l'appui et les encouragements de S. M. l'Empereur en faveur d'une ville qui souffre en ce moment, mais qui a encore confiance dans l'avenir, et de demander à la Commission Impériale, pour les industriels signalés au rapport d'une manière spéciale, les hautes récompenses que méritent le travail et la persévérance unis à l'intelligence et à la probité.

BULTEAU frères.

Nouveautés pour robes. — Châles. — Articles pour confections.

700 ouvriers. 2,000,000 francs.

Medaille de 1re classe. Exposition universelle de 1855.

Ces importants fabricants, qui ont pu trouver dans l'extrême variété et dans la mobilité de leur production de tissus de fantaisie pour robes et pour châles, des éléments suffisants pour établir et entretenir sur un grand pied une maison de vente à Paris, uniquement pourvue de leurs étoffes, sont remarquables par la beauté des matières qu'ils emploient et par la perfection de leur tissage à la main, seul mode possible de fabrication dans le genre qu'ils travaillent.

Nous devons signaler dans leur exposition:

Leurs mohairs unis, à carreaux et rayures en couleurs fines, à fleurs brochées au plumetis, aussi en couleurs fines quoiqu'au grand traitement.

Les barèges, grenadines brochées pour robes et pour châles, leurs popelines écossaises, leurs châles tartans et leurs étoffes pour confections.

Ce qui dans les brochés au plumetis de ces habiles fabricants mérite une mention spéciale, c'est la netteté des fleurs, leurs coloris variés et la dimension grande des bouquets, difficultés vaincues avec succès.

Nous signalerons encore comme sérieuse innovation, leurs châles genre cachemire, par impression sur trame en échets, tissée et détissée après impression , système économique qui nous a paru bien compris et bien appliqué, et qui reproduit dans un prix relativement peu élevé les beaux effets de la soierie impression sur chaîne.

Cette exposition prouve que les produits de MM. Bulteau frères tiennent, par leur bon goût et leur belle fabrication , la tête de la haute nouveauté.

En conséquence, le Comité recommande particulièrement ces exposants à l'attention du Jury des récompenses.

CATEAUX-LEPLAT.

Tissus laine.

300 ouvriers.   1,200,000 francs.

M. Cateaux-Leplat travaille habilement la matière laine avec laquelle il parvient à faire des tissus fins , apparents, de bonne qualité à des prix relativement peu élevés.

Ses popelines unies et façonnées, ses épinglées , ses satins pour robes et pour chaussures dont il vend annuellement une quantité importante à l'exportation , le désignent comme un fabricant avancé et recommandable dans les tissus de pure laine.

CATTEAU , Pierre.

Tissus de soie et de laine et de coton.

540 ouvriers.   2,800,000 francs à 3,000,000 francs.

Ce fabricant est un exemple de ce que peut la volonté unie au travail et à la persévérance. Il a créé une maison des plus importantes en concentrant toute son intelligence sur le tissu chaîne soie, trame pure laine, et il a acquis dans ce genre une spécialité très estimée et très recherchée. La popeline et l'épingline chaîne soie trame de laine ont été travaillées et sont produites par lui dans tous les prix, depuis 2 fr. 40 c. jusqu'à 7 ou 8 fr. le mètre, dans tous les coloris de nuances possibles et avec une entente de matières et une perfection de tissage qui lui ont valu la position première qu'il occupe à Roubaix dans les tissus unis ou rayés, carreaux et façonnés pour nouveautés de belle vente et du meilleur usage.

CORDONNIER, Louis.

Tissus nouveautés.

600 ouvriers. 2,000,000 francs.

Médaille de 1re classe, Exposition universelle de 1855.

En reconnaissant le mérite de M. L. Cordonnier par une médaille de première classe, le Jury de l'Exposition universelle de Paris, 1855, a constaté que la fabrique de Roubaix doit à cet industriel la création de nombreux tissus adoptés par la production générale, l'initiative et l'esprit de progrès dans toutes les applications nouvelles pour les étoffes de chaîne coton tramées de laine ou d'alpaga, ou de poil de chèvre destinées à la grande consommation.

Ce manufacturier, qui doit tout à son travail et à son énergie, a introduit en France le tissage mécanique largement appliqué aux tissus façonnés et brochés. L'établissement qu'il a fondé est regardé, même par des industriels anglais, comme un modèle qui réunit dans un ordre parfait les filatures mull-jenny et continue à trois cents métiers mécaniques en un seul rez-de-chaussée. Cet important tissage mécanique, composé des métiers les plus complets, tant à la Jacquart que revolvers, peut rendre tout ce que le travail à la main produit de plus compliqué et de plus varié.

Sans entrer dans le détail de l'exposition de cet industriel, nous ferons remarquer cependant ses toiles et reps à carreaux et à fleurs, ses mohairs de tous dessins, ses popelines écossaises, tissu que, le premier, il a fabriqué à Roubaix, et nous constaterons que la qualité des étoffes répond chez lui au fini du travail et à la modicité des prix.

Le Comité ne croit n'être que juste en recommandant tout particulièrement M. Louis Cordonnier au Jury des récompenses

Henri DELATTRE père et fils.

Laine peignée. — Nouveautés pour robes et pantalons.

900 ouvriers en atelier, 1200 au-dehors. 5,800,000 francs.

Prize medal, Exposition 1851. — Membre du jury à l'Exposition de 1855.

MM. Delattre père et fils se recommandent d'eux-mêmes par leur mérite comme industriels depuis longtemps appréciés et reconnus.

Placés, depuis la fondation de leur maison par M. Henri Delattre père en

1827, à la tête de l'industrie roubaisienne, ils ont toujours marché dans la voie du progrès, en réunissant dans leurs nombreux ateliers, comme le constate le relevé ci-annexé, toutes les améliorations, tous les perfectionnements, tous les agrandissements que réclame une première position.

En industrie comme en science, le progrès ne s'arrête jamais; si l'on sait ce qu'il en coûte de travail et d'études au savant pour suivre ou devancer la marche de l'esprit humain, il faut reconnaître ce qu'il en coûte aussi à l'industriel de peines, de déceptions, de dépenses, de travaux incessant, souvent inutiles, toujours renouvelés, de hardiesse et de persévérance, pour se tenir au premier rang dans cette course sans trêve qu'on nomme le progrès dans l'industrie.

MM. Delattre réunissent dans leurs établissements le travail du coton et de la laine dans toutes ses exigences et applications, depuis le peignage et la filature jusqu'au tissage à la mécanique et à la main; leurs productions comme tissus comprennent toutes les variétés d'étoffes en laine unies et façonnées pour robes ou paletots, en laine et coton pour tous usages, en nouveautés, articles de fantaisie en laine et soie, en poil de chèvre, en brochés jacquart, plumetis, etc. Leur exposition résume autant que leur emplacement le permet, l'ensemble de leur production par des spécimens remarquables.

Pour atteindre le but que l'honorable chef de cette maison, M. Henri Delattre, membre du Jury de la XXᵉ classe de l'Exposition de Paris en 1855, s'est imposé de tenir constamment la tête de l'industrie manufacturière, ces exposants ont réuni dans une puissante association toutes les ressources de capitaux et d'intelligence qu'exige la voie si difficile et si honorable dans laquelle ils ont toujours marché en avant.

Le Comité est unanime pour entourer les noms de MM. Delattre père et fils d'une recommandation toute spéciale.

DESCAT frères, ancienne maison **Descat-Crouzet**, ayant pour gérant de leurs usines de Flers et Wasquehal, qui sont leurs principales, **Gabriel Descat.**

Teintures et apprêts de tissus.

1125 ouvriers. 2,800,000 francs.

En 1855, médaille de 1ʳᵉ classe à l'Exposition universelle, et la décoration pour M. Constantin Descat, l'un des associés.

La maison Descat-Crouzet, aujourd'hui Descat frères, la plus ancienne comme la plus considérable de la fabrique de Roubaix, dans les teintures et apprêts, se recommande particulièrement à l'Exposition de Londres, du nom de M. Gabriel Descat, l'un des associés, qui s'occupe spécialement des usines de Flers et de Wasquehal, de la partie chimique des teintures et apprêts et des traitements divers et nouveaux que demandent les apprêts de toutes espèces de tissus.

Depuis 1851, les teintures et apprêts ont été bien améliorés, ainsi que le constate l'exposition que fait la maison Descat, qui apprête et imprime non-seulement pour Roubaix, mais pour Lyon, Tarare, Saint-Quentin et Paris.

M. Gabriel Descat a pris depuis 1856 cinq brevets d'invention tant pour foulage que pour apprêt, teinture et impression de diverses étoffes.

Parmi les nombreuses améliorations qui en ont été le résultat, le Comité signale les services rendus à la fabrique par les apprêts brillants, soyeux, dits *au grand traitement* que M. Gabriel Descat est parvenu à donner aux tissus français qu'il traite et rend aussi beaux sinon mieux que les mêmes tissus anglais, ce qui a permis à une branche importante de l'industrie du tissage de maintenir son travail et de rendre de grands services à Roubaix au moment où l'entrée des articles anglais devait nécessairement augmenter le malaise de la fabrique.

Les divers et nombreux spécimens de teintures de matières et de tissus, les apprêts si complets, si variés que cette exposition renferme, témoignent l'activité et l'intelligence des chefs de cette maison, comme ils prouvent que cette partie si intéressante et si capitale même de l'industrie n'a cessé de faire, grâce au travail et à la persévérance dans le but qui distinguent ces honorables exposants.

Le Comité recommande donc tout particulièrement M. Gabriel Descat au jury des récompenses.

DILLIES frères.

Tissus unis.

800 ouvriers. 4,000,000 francs.

Médaille de bronze, Exposition universelle de 1855.

MM. Dillies frères sont les importateurs sur une grande échelle, du métier mécanique à Roubaix, pour le tissage d'étoffes unies de toutes qualités et largeurs.

Simples contre-maîtres, ils débutèrent en 1853 par vingt-six métiers, et dans leur travail et leur hardi courage, ils trouvèrent la force et les moyens d'augmenter seccessivement leur tissage mécanique jusqu'à pouvoir faire battre en 1860 plus de quatre cents métiers dans un seul établissement.

Pour alimenter ces métiers, ils commencèrent par une filature mull-jenny, puis une filature continue, la plus importante du Nord, appliquèrent ensuite le selfacting sur 500 broches au métier à filer la laine ; enfin, reconnaissant que leur établissement réclamait comme complément pour une préparation et un emploi convenables des matières, un peignage mécanique de laines longues alpaga et poils de chèvre, ils ajoutèrent cette nouvelle industrie à leur importante entreprise qui lutte aujourd'hui avec l'Angleterre.

Le côté remarquable des produits de ces exposants, c'est la qualité de la matière qui donne la force et la bonne tenue au tissu, c'est aussi leur prix qui les rend propres à l'usage général.

Le Jury constatera dans l'examen qu'il aura à faire des produits exposés par ces industriels, les divers mérites que nous venons de signaler à son attention.

ERNOULT-BAYART et fils.

Fils de laine.

230 ouvriers. 400,000 fraucs.

La fondation de la filature de laine cardée de MM. Ernoult-Bayart et fils remonte à 1839, époque à laquelle le besoin de fil cardé, à l'instar de ceux de Reims, se faisait vivement sentir à Roubaix pour la fabrication des draps-nouveautés en tout laine et en laine et coton. Cet établissement, le premier qui fut fondé à Roubaix dans ce genre, produisit des filés très-estimés.

Parmi les fils exposés, nous signalerons un nouveau fil, un jaspé d'un seul jet, très-régulier, et pour lequel MM. Ernoult-Bayart et fils sont brevetés. Le reste de cette exposition qui se compose de fils unis et mélangés demi-chaîne, témoigne aussi de bonnes machines et d'un travail bien entendu.

MM. Ernoult-Bayart et fils sont aussi apprêteurs de tous les genres de tissus que produit la fabrique ; le peu d'espace qui leur a été accordé les prive de l'occasion de montrer des apprêts, surtout dans les étoffes reps qui sont très-appréciés des fabricants et des acheteurs.

HARINKOUCK et CUVILLIER.

Tissus pour ameublement.

70 ouvriers. 300,000 francs.

Mention honorable, Exposition universelle de 1855.

Il est fâcheux pour ces exposants d'étoffes haute nouveauté pour meuble, que l'exiguité de leur case les prive de l'avantage qu'ils auraient eu s'ils avaient pu étaler leurs produits comme ils le demandent et le méritent.

Ces fabricants ont appliqué à l'ameublement, le tissu épinglé chaîne-laine trame coton, et en ont tiré depuis 1853 tous les éléments possibles de perfectionnement au point de vue de l'uni et de la nouveauté.

Ainsi leurs épinglés à côtes satinées à bande de velours unis et imprimés à dessins et brochés pour meubles et portières, leurs satins trame et brochés sur épingline sont remarquables comme goût et idées neuves.

Leurs armures et satins avec velours, leurs reps catalan, lattés et à battant brocheur, et leur reps impérial satin chaîne soie sur épingline chaîne laine, dénotent chez ces producteurs une entente sérieuse du tissage et une application intelligente et raisonnée de leurs inventions à leur fabrication d'étoffes pour ameublement.

Veuve HEYNDRICK-DORMEUIL.

Gilets (haute nouveauté).

150 ouvriers. 400,000 francs.

Médaille de 2ᵉ classe, Exposition universelle de 1855.

Comme nouveauté et bonne exécution, cet exposant a fait ses preuves dans le tissu pour gilets, aussi la vente qui règle et mesure le mérite d'une fabrication a-t-elle constamment recherché ces produits, que Mme. veuve Heyndrickx-Dormeuil ne fait que sur commission.

Le Jury remarquera dans l'ensemble des gilets exposés l'harmonie des couleurs, la perfection du tissu, la variété des genres qui font la véritable distinction de ce fabricant.

LAGACHE, Julien.

Tissus pour gilets et pantalons.

600 ouvriers. 1,200,000 à 1,400,000 francs.

Médaille d'honneur, Exposition universelle de 1855.

Les différentes expositions auxquelles a concouru, depuis près de trente ans, M. Julien Lagache, ont toutes reconnu le mérite de ce fabricant, comme un des plus experts dans l'emploi de la matière et dans la composition des tissus pour pantalons et pour gilets.

Ainsi que le constatait le rapport de l'Exposition universelle de Paris en 1855, il y a unanimité pour rendre, tant en fabrique qu'à Paris et en province, justice complète à la qualité et au bon goût des étoffes qui sortent des ateliers de cet important fabricant.

Le rapport de 1862 ne peut que confirmer les éloges de celui de 1855 et constater par l'exposition de M. Julien Lagache que ce producteur s'est toujours tenu à la hauteur de sa position par les améliorations qu'il sait apporter dans ses tissus et par les nouveautés dont il enrichit ses remarquables antécédents et la fabrique de Roubaix.

Dans les étoffes qu'il expose, nous signalerons le piqué velours de coton qui est une de ses récentes inventions, et dont il a exposé une magnifique variété. Pour relater les nombreux grains ou fonds de tissus qui proviennent de l'initiative de M. J. Lagache, il faudrait rappeler beaucoup d'articles qui sont aujourd'hui dans le domaine public.

Le Comité recommande en conséquence M. J. Lagache comme fabricant de premier mérite et le signale d'une manière spéciale à l'appréciation du Jury des récompenses.

LEFEBVRE-DUCATTEAU frères.

Filature, fabrique de tissus pour gilets, lainages et nouveautés, peignage et tissage mécanique, teintures et apprêts.

1,400 ouvriers. 6,500,000 francs.

Prize medal à Londres en 1851. — Médaille de 1re classe, Exposition universelle de 1855.

Les grands établissements de ces industriels qui réunissent et comprennent toute la filière du travail des matières laine , depuis le peignage mécanique , les filatures de laines peignées et cardées et jusqu'au tissage mécanique et à la main , c'est-à-dire tout ce qu'exige une fabrication d'étoffes s'étendant du satin chaussure au velours pour gilets , variant du mérinos uni ou façonné jusqu'au plus riche dessin cachemire à la Jacquart , ces établissements, disons-nous, offrent par leur belle organisation , leur ensemble, leur administration habile, des modèles d'ordre et d'économie.

Comme nous l'avons dit dans une précédente appréciation , il faut pour occuper le rang que cette maison tient dans l'industrie, beaucoup d'énergie, de grandes ressources et de constants efforts pour entretenir dans le progrès , qui marche toujours, d'aussi grandes entreprises. Les améliorations, les modifications sont incessantes, et si l'industriel voit parfois la fortune couronner son travail , il a eu ses inquiétudes , ses mauvais jours, qui, tenant sans cesse sa pensée en éveil, lui ont souvent fait payer cher son succès. Aussi n'est-ce que justice de signaler comme ayant bien mérité de l'industrie française les hommes qui se sont dévoués à ces hardies créations.

L'analyse des étoffes exposées par ces fabricants nous paraît superflue, leur simple examen prouve l'éloge que nous venons de faire de leurs moyens de production.

Le Comité recommande en conséquence MM. Lefebvre-Ducatteau frères d'une manière toute spéciale au Jury des récompenses.

MAZURE-MAZURE.

Etoffes pour ameublement.

500 ouvriers.   3,000,000 francs.

Cette ancienne maison s'est toujours appliquée à produire de bons tissus de vente courante et de qualité supérieure plutôt qu'inférieure, comprenant que l'étoffe pour ameublement demande autant la solidité que l'apparence et le bas prix.

Cette fabrication a été constamment améliorée, et pour l'alimenter et y suffire, M. Mazure-Mazure, achetant ses matières de première main , a fondé chez lui , peignage mécanique, filature de laine, tissage mécanique et fait de la grande industrie.

Cet exposant déclare que ses tissus n'ont subi aucune dépréciation du traité de commerce avec l'Angleterre , ses reps meubles n'ayant pas de concurrence sérieuse dans ce pays ou il vend, par MM. Carlhian et Corbières, 26, rue du Sentier à Paris, et 68, Cannon Street, London, régulièrement depuis dix-ans.

Enfin, M. Mazure-Mazure, qui expose avec Paris, et dont le rapporteur n'a pu examiner les spécimens présentés à l'Exposition de Londres, relève que depuis la fondation de sa maison il a produit plus de 30,000,000 fr. de tissus pour ameublement.

Alfred MOTTE et Cie.

Teintures et apprêts.

400 ouvriers.   1,500,000 francs.

La fabrique de Roubaix dont le développement prodigieux réclamait de nouveaux établissements de teintures et d'apprêts, fut heureuse de rencontrer des hommes assez hardis, assez entreprenants pour consacrer leur temps, leur fortune, leur avenir, à la fondation d'un genre d'industrie qui coûte des sommes considérables.

MM. A. Motte et Cie furent ces hardis enfants de Roubaix, qui, une fois décidés et engagés dans la voie qu'ils avaient franchement adoptée, se lancèrent en avant, sans reculer jamais devant les obstacles ou devant les dépenses que nécessitent les besoins de la fabrique et arrivèrent en dix ans, à posséder un immense matériel qui leur permet d'occuper dans leurs établissements cinq cents ouvriers, usines considérables où 1,200 chevaux de générateurs et 200 chevaux de force motrice, donnent une idée du travail et de la quantité de matières teintes et de tissus teints ou apprêtés par les plus nouveaux procédés.

Le comité signale les améliorations apportées par ces teinturiers pour la teinture du bleu de France sur les tissus chaine de coton écru et aussi dans la teinture des laines peignées, après peignage et Gill-boxage ultérieurs.

En conséquence l'exposition de ces industriels importans est recommandée à l'attention du jury.

MOTTE-BOSSUT et Cie.

Fils de coton simple et retors.

600 ouvriers.   2,500,000 à 3,000,000 francs.

Médaille de 1re classe, Exposition universelle de 1855.

La réputation de M. Motte Bossut comme filateur, dit assez l'importance et la bonne installation de ses établissements et la valeur de ses produits toujours recherchés, mais ce que le rapport du comité doit constater et montrer avec confiance au jury des récompenses, ce sont les titres de l'industriel dont la vie a été consacrée au développement de la filature du coton en France.

En 1843, M. Motte-Bossut signalait ses premiers pas dans la voie du progrès par la fondation à Roubaix, d'une filature de 18000 broches, première application en France sur une grande échelle du Renvideur mécanique, système nouveau alors, aujourd'hui partout répandu et dont l'honneur revient à ces filateurs pour leur importation et leur mise en œuvre manufacturière.

La filature de MM. Motte-Bossut et Cie fut successivement agrandie, et portée à 27,000 broches, puis à 40-50-60,000 broches, et compte actuellement 70,000 broches.

En même temps qu'il apportait dans la création et la direction de sa filature toute sa capacité et son expérience, M. Motte-Bossut prenait une part importante dans la fondation de deux grands établissements de tissage mécanique et de teinture et apprêts auxquels il a prêté le concours d'une habileté incontestée, pour le choix et l'utilisation de toutes espèces de mécaniques et machines industrielles.

En 1855, M. Motte-Bossut obtint une première médaille. Le Comité en le recommandant d'une manière toute spéciale au jury des récompenses croit trouver dans l'Exposition universelle de 1862 l'occasion de reconnaître le mérite supérieur de cet exposant.

PIN-BAYART.

Tissus nouveautés pour robes.

300 ouvriers. 1,000,000 à 1,200,000 francs.

Prize medal à Londres en 1851. — Médaille de 1re classe, Exposition universelle de 1855.

Enfant de Lyon, fils de ses œuvres à Roubaix, M. Pin-Bayart a fait apprécier ses produits à toutes les expositions et il a obtenu à l'exposition universelle de Paris, en 1855, une médaille de 1re classe.

Filateur et fabricant, cet exposant a créé de nombreux tissus dans la nouveauté pour robes; ses satins brochés pure laine avaient une grande vogue, alors que la vente demandait ces bons articles, aujourd'hui ses étoffes de chaine coton ou de chaine laine avec côtes ou fleurs de soie ou de laine, ses popelines, ses épinglines, tous ces tissus divers dont l'étalage de cet exposant offre les spécimens, affirment qu'il a continué sa route dans la belle et bonne fabrication et dans le progrès.

Amédée **PROUVOST** et Cie.

Laines peignées.

300 ouvriers. 2,500,000 francs.

MCdaille de 2e classe, Exposition universelle de 1855.

L'industrie du peignage des laines à la mécanique était il y a une quinzaine d'années à peu près inconnue en France, la fabrique de Roubaix avait besoin de ces machines intelligentes, si l'on peut ainsi parler, qui remplacent le peignage à la main, trop lent pour l'activité nouvelle, par le travail régulier, bien ordonné et rapide de leurs bras et de leurs mains de fer. Ils furent donc bien inspirés ceux qui créèrent ou importèrent ces nouveaux moteurs, éléments vigoureux apportés à la prospérité commune.

MM. Amédée Prouvost et Cie importèrent en France la peigneuse Rawson de Leicester, dont ils ont le brevet et ils fondèrent un établissement remarquable par sa bonne installation, l'ordre qui y règne et l'importance de sa production. Leurs peignés sont recherchés par la propreté, la netteté et le bon rendement des laines.

SADON et Cie.

Etoffes laines et soie.

100 ouvriers. 400,000 francs.

Médaille de bronze. Exposition universelle de 1855.

M. C. Sadon est un fabricant de recherche et d'invention sans relache. Il a créé et livré à la fabrique Roubaix le tissu connu sous le nom d'Epinglé, laine et soie pour robe, excellente étoffe, restée dans le domaine public et qui a fait produire, tant en uni qu'en nouveauté, des quantités considérables de marchandises depuis son origine.

L'exposition que fait M. C. Sadon de ses étoffes laine et soie pour robes et confections, de ses velours coupés sans envers, de ses châles, cache-nez, cravates, jupons, couvertures de voyage avec deux faces différentes, de ses nouveautés lamées, genre d'Orient, toutes ces variétés prouvent que cet exposant est un fabricant plein de connaissances et d'esprit d'invention et qu'il est digne de récompense.

SCRÉPEL, Louis et fils.

Tissus pour robes et confections.

450 ouvriers. 1,100,000 francs.

MM. L Scrépel et fils sont de bons fabricants dont tous les tissus ont justifié par leur qualité de matières et leur régularité de tissage, la réputation qu'ils se sont acquises.

Nous signalerons dans leur exposition : la série très-complète des popelines pure laine et unies, les carreaux soie sur bon tissu. — Leurs étoffes façonnées et leurs petits draps laine et coton foulés pour robes, paletots confections.

SCRÉPEL-LEFEBVRE.

Tissus laine et tissus laine et soie.

300 ouvriers. 1,200,000 francs.

Médaille en argent en 1851.— Médaille de 1re classe, Expositisn universelle de 1855.

Cette maison de fabrique de tissus date de 1808; elle a été continuée en 1850 par les fils et successeurs, exposants aujourd'hui qui en ont conservé la raison sociale, et se sont toujours distingués par une production régulière, bien comprise et généralement très-estimée.

L'exposition qu'elle offre de ses tissus représente un ensemble varié d'articles en chaine de coton tramés de laine dans lequel on remarque : les orléans unis mélangés et les mohairs unis à carreaux,

En tissus chaine de soie, des popelines unies et des épinglines façonnées,

Én tissus de pure laine des popelines et épinglés unis et façonnées et avec application de laines mordantées.

Il n'y a que des éloges à donner à toute cette production.

SCRÉPEL-ROUSSEL.

Tissus et filature de laine.

370 ouvriers. 1,700,000 francs.

Médaille de 1re classe, Exposition universelle de 1855.

M. Scrépel-Roussel travaille depuis 1837 la matière laine avec un succès constant. Dans sa filature dont les filés sont estimés, il a un des premiers appliqué le sel-acting à la laine mérinos dont sa fabrication fait principalement usage.

Ses satins pour chaussures, dit satins à la Reine, ses tissus pour robe en mérinos, unis et façonnés, lui ont assuré, dès son début, une place distinguée dans la fabrique.

Cet exposant se livre avec succès aussi à la draperie laine et coton pour twines et confection et à la draperie pure laine ou mélangée de soie pour pantalons et paletots et il en présente dans son exposition des spécimens remarquables.

Le Jury de l'exposition universelle de 1855 a accordé à M. Scrépel-Roussel une médaille de 1re classe ; depuis cette époque, cet industriel a continué à progresser et le rapport du Comité le rappelle avec confiance à l'attention du Jury.

SCRÉPEL, César.

Tissus et filature de laine.

500 ouvriers. 1,500,000 francs.

Médaille de 1re classe, Exposition universelle de 1855.

Comme beauté de lainage et comme fini de fabrication, cet exposant témoigne assez pour les produits qu'il présente, le rang qu'il occupe dans cette industrie.

Dans les nombreux spécimens qu'il soumet à l'appréciation du Jury, nous signalons en première ligne les popelines et épinglines unies pure laine et de haute vente, étoffes dont il a, par toutes les combinaisons possibles de matières et de tissage, varié la finesse et le toucher, atteignant presque à la perfection dans un genre recherché en France et à l'Étranger.

Ses draps unis et façonnés pure laine pour confections et paletots méritent aussi mention spéciale et dans les carreaux et rayures qu'il applique sur popeline, épingline et satin de Chine, il a fait preuve de goût et d'une entente complète de ces tissus.

Le Jury de l'exposition universelle de 1855, a accordé à ce fabricant une médaille de 1re classe, le Comité constate avec justice que M. César Scrépel a réalisé les progrès que cette récompense faisait attendre de son travail et de son intelligence des tissus de pure laine.

E. et V. VANDONGHEN.

Tissus pour robes.

190 ouvriers.   **700,000** francs.

MM. E. et V. Vandonghen, nouveaux venus dans la fabrique roubaisienne ont apporté dans la nouveauté riche pour robes, une initiative et un goût qui qui les ont bien placés dès leur début.

Cherchant à présenter à la vente des tissus, des dessins toujours nouveaux, ces fabricants ont créé de jolies étoffes, des dessins souvent très-riches, dont leur exposition offre un aperçu un peu restreint, vu l'exiguité de leur empla-cement, mais qui ne montre pas moins l'exactitude de notre appréciation.

Le Rapporteur de la section des fils et tissus,
BOSSUT-POLLET.

Vu :

Le Président du jury d'admission de l'arrondissement de Lille,

CINQUIÈME SECTION

BEAUX-ARTS. — OBJETS DIVERS.

Président : M. KOLB.

Rapporteur : M.

Veuve A. ARNOLD et fils, à Lille.

Spécimens de reliure.

50 ouvriers.   100,000 francs.

L'établissement de Madame veuve Arnold et fils compte environ quarante années d'existence. Ses produits ont été remarqués à l'exposition régionale de Rouen, en 1859, où ils ont obtenu une médaille d'argent; ses travaux artistiques et manufacturiers lui ont acquis une importance telle qu'elle permet aux bibliophiles du Nord de ne plus recourir à l'industrie parisienne.

La maison Arnold expose trente-six spécimens de reliures qui représentent les types les plus variés et les procédés les plus perfectionnés; tous se distinguent par leur netteté, leur solidité et leur souplesse non moins que par la perfection et le goût de leur ornementation. Chaque reliure a son cachet particulier qui est approprié à l'âge et au caractère de l'ouvrage auquel elle est destinée. Tous les secrets de l'art, tant en France qu'à l'étranger et toutes les ressources du goût ont concouru à cette remarquable collection qui permet d'apprécier l'importance de l'établissement de Madame veuve Arnold et fils, et qui appelle sur ces industriels distingués les encouragements du Jury de l'exposition.

COUTTENIER-PRINGUET, à Lille.

Spécimens de reliure.

10 ouvriers.

Les reliures exposées par M. Couttenier-Pringuet se distinguent par leur beauté, leur solidité ainsi que par la richesse et le goût de leur ornementation. Leur mérite justifie l'admission des produits de cet industriel à l'exposition universelle de 1862.

L. DANEL, à Lille.

Spécimens d'impressions typographiques en couleurs dites à la congrève. — Livres, étiquettes et plans.

250 ouvriers.   1,000,000 francs.

Médaille de bronze à l'Exposition universelle de 1855.

L'imprimerie L. Danel qui expose des spécimens de ses impressions typographiques en couleurs, dites à la congrève, a opéré dans l'industrie dont elle est l'un des plus intéressants représentants, un progrès considérable au point de vue de la décentralisation industrielle, de l'abaissement des prix et de la meilleure condition des produits.

L'économie apportée dans les frais de production est la base de ces améliorations importantes ; elle repose sur trois points :

La maison L. Danel possède sa fonderie de caractères typographiques et les ateliers de clichage qui en sont le complément. Il en résulte une première économie très notable dans le prix des fontes et la faculté de régler les opérations de la fonderie de manière à les faire concorder avec les besoins des divers travaux.

Les frais de loyer sont moins élevés à Lille qu'à Paris ; un aménagement judicieux, plaçant d'ailleurs les ouvriers dans les conditions les plus satisfaisantes de lumière, d'aération et de salubrité, ne coûte guère que le tiers du loyer parisien.

La main-d'œuvre est également sensiblement moins élevée : le sort du compagnon typographe est aussi heureux à Lille, avec un salaire moindre que celui de l'ouvrier parisien, dont les besoins sont plus grands et plus onéreux.

Ces considérations font comprendre comment la maison L. Danel peut faire aux premières maisons parisiennes une concurrence dont la clientèle de la Compagnie du chemin de fer du Nord donne la mesure. Depuis dix ans, la maison L. Danel fait exclusivement toutes les impressions de cette Compagnie, et elle consomme pour ce seul client au moins vingt mille rames de papier par an.

Comme preuve matérielle du bas prix auquel sont livrés les produits de cette maison, elle expose un volume, *Histoire Sainte*, destiné à une maison d'éducation de Douai : ce livre, dont l'impressisn est irréprochable, fait partie d'une série d'ouvrages qui se vendent 0 fr. 23 c. $^1/_2$ tout cartonnés, soit pour 5 feuilles $^1/_3$ d'impression, à 0 fr. 03 c. la feuille, 0 fr, 16 et pour le cartonnage 0 fr. 07 c. $^1/_2$. Les articles exposés comprennent aussi un *Abécédaire chrétien* qui coûte 0 fr. 19 c. $^1/_2$, soit pour 4 feuilles d'impression à 0 fr. 03 c., 0 fr. 12 c. et pour le cartonnage 0 fr. 7 c. $^1/_2$.

Profondément convaincu de cette vérité élémentaire que tout produit coûte d'autant moins qu'il doit passer par moins d'intermédiaires, la maison L. Danel confectionne ses articles de manière à les donner complètement prêts à l'emploi. Ainsi elle fabrique son papier acier lissé, le bleu d'outremer, la porcelaine raisin d'Allemagne pour l'impression des étiquettes, or, argent, couleurs par procédés typographiques ; elle procède elle-même au gommage et au découpage. Les projets de marques de filterie, d'écussons pour sucres, de vignettes pour liqueurs, d'étiquettes pour tissus, sont dessinés par les artistes attachés à l'établissement, ils y sont gravés et clichés.

La maison L. Danel livre aux premiers raffineurs de France, des écussons dans des quantités fixes, livrables mensuellement et qui varient, selon les clients, de deux à cinq millions par an ; aux maisons de filterie des étiquettes et des bandes par quantités de six à douze millions ; un seul de ces établissements a donné ordre pour vingt-huit millions par an. Cette fabrication atteint 350,000 exemplaires par jonr, gommés et découpés, impression or et couleurs sur papier acier, vert soie, carmin, rouge solferino, outremer, etc. Le prix ordinaire des bandes ne dépasse pas 1 fr. 22 le mille.

Ces impressions qu'on peut appeler de luxe, eu égard au fini de leur exécution, à leur beauté et à leur éclat, et qui cependant sont livrées à des prix à peine égaux aux impressions lithographiques, s'opèrent dans la maison L. Danel avec des travaux de nature plus commune. De même que plus haut, à côté des produits presque d'art destinés à certains services administratifs, nous signalions des publications d'un prix excessivement réduit, ici, à côté des impressions de congrève, aux couleurs brillantes, aux traits délicatement accentués, nous placerons les impressions pour chicorées, pour encres, cirages, vernis, etc., qui atteignent la dernière limite du bon marché et n'augmentent pour ainsi dire pas les prix auxquels les fabricants livrent leurs produits au commerce.

Les considérations qui précèdent justifient ce que nous avons annoncé au lébut de cette note, à savoir, que la maison L. Danel a fait faire à l'industrie typographique un progrès considérable en montrant à la province qu'elle peut lutter avantageusement avec la fabrique parisienne. Cet établissement qui a obtenu une médaille à l'Exposition de 1855 et qui soutient la réputation méritée qu'elle s'est acquise en France et à l'étranger, appelle d'une manière toute particulière la bienveillance et la justice du Jury de l'Exposition universelle de 1862.

GISCLON, à Lille (section des Moulins).

Pipes en terre.

150 ouvriers. 150,000 francs.

Médaille de 2ᵉ classe à l'Exposition universelle de 1855.

L'importance et la qualité des produits de M. Gisclon ont été constatées et récompensées à l'Exposition universelle de 1855, par une médaille de 2ᵉ classe. Depuis cette époque, M. Gisclon n'a cessé de perfectionner la pipe hollandaise; aujourd'hui plus que jamais il redouble d'efforts pour lutter avec avantege contre la concurrence que lui ont créée les nouveaux traités de commerce.

Une pipe ayant l'apparence grossière d'écume de mer, et vendue au prix de 10 centimes; une pipe de 6 cent. seulement de longueur; et pourtant d'une grande perfection de travail; enfin d'autres innovations plus ou moins importantes pour satisfaire les caprices des fumeurs attestent les efforts persévérants de M. Gisclon pour perfectionner une fabrication qui attend encore de nouveaux progrès. Nous recommandons cet industriel à toute la bienveillance du Jury.

PAQUET, Félix, chirurgien en chef de l'hospice civil de Roubaix.

Appareils de chirurgie et d'orthopédie en gutta-percha ferrée.

Monsieur le docteur Paquet (Félix) présente à l'Exposition des appareils de chirurgie et d'orthopédie en gutta-percha-ferrée. Il joint à ces appareils dont il est l'inventeur des plâtres moulés qui représentent l'état des parties blessées ou déformées avant et après le traitement.

La matière à laquelle M. le docteur Paquet donne le nom de gutta-percha-ferrée est un mélange intime de gutta-percha du commerce avec du peroxide de fer. La présence de cette dernière matière augmente la dureté de la gutta-percha, sans diminuer ni sa tenacité, ni son inaltérabilité ; elle en rend le maniement plus facile, le ramollissement préparatoire et le durcissemeut ultérieur plus prompts ; elle lui donne enfin des propriétés médicales et diminue le prix de revient.

M. le docteur Paquet emploie la gutta-percha-ferrée au traitement des plaies : cette matière remplacerait avantageusement la charpie ; elle ne s'altèrerait pas ; elle soustrairait la partie malade au contact de l'air, sans nuire à l'écoulement des produits de secrétion ; elle n'est pas adhérente à la manière des taffetas gélatinisés, emplâtres, etc.; la cicatrice se produit sans être déchirée pendant le traitement; son usage permet de réduire à la fois la douleur, la durée et la difficulté des pansements qui peuvent être renouvelés plus fréquemment; à ces avantages, elle ajoute celui non moins précieux de ne pas contrarier les moyens de réparation que la nature fait agir spontanément. La gutta-percha-ferrée remplacerait aussi avec succès, dans un assez grand nombre de cas, l'emploi des cataplasmes à raison de la chaleur et de l'humidité qu'elle entretient dans les parties sur lesquelles elle est appliquée.

Les services que la Gutta-Percha-Ferrée peut rendre à l'orthopidie paraissent surtout très-précieux, d'une part à cause de la facilité avec laquelle elle se prête à la moulure des appareils sur le corps même, et d'autre part à cause des qualités que lui donnent sa dureté, son élasticité et sa tenacité pour former les tuteurs qui soustraient les parties lesées à l'action des forces naturelles qui tendent à aggraver ces lésions.

Les appareils inventés par M. le Docteur Paquet, en permettant d'obtenir l'immobilité d'une partie déterminée du corps, sans rendre nécessaire celle des autres parties, sont destinés à résoudre d'une manière heureuse pour les blessures graves et les fractures des membres inférieurs, le problème de la déambulation, c'est-à-dire, qu'ils donnent au sujet blessé la possibilité de se transporter, sans danger d'accident, d'un lieu à un autre à l'aide de bâtons ou de béquilles ; ils affranchissent les blessés de l'obligation de rester aussi longtemps alités et facilitent ainsi leur guérison en leur permettant de prendre une certaine activité et de changer plus souvent d'air. La conséquence de ce dernier fait est de contribuer à la salubrité des salles de blessés en atténuant les causes de viciation et en permettant le renouvellement plus fréquent de l'air qu'elles renferment.

Les avantages qui viennent d'être énumérés seraient inappréciables pour la chirurgie militaire ; on pourrait en effet préparer d'avance des moules et les appliquer très-facilement et très-rapidement sur le champ de bataille avant de transporter le blessé à l'ambulance , tout en rendant ce transport beaucoup moins douloureux et dangereux.

Les détails qui précèdent ne donnent qu'une idée incomplète du traitement chirurgical et orthopédique par la Gutta-Percha-Ferrée. Les qualités essentielles que l'auteur de ce traitement lui attribue et qu'une expérience de six années paraît confirmer, peuvent se résumer ainsi : simplification et rapidité du traitement des blessés ; allégement de leurs souffrances jusqu'a permettre souvent la continuation du travail manuel et, dans quelques cas , la conservation des membres condamnés aujourd'hui à l'amputation ; économie d'argent. Il constitue une innovation importante dans le traitement chirurgical. , en rendant les procédés tellement surs et faciles qu'ils pourraient souvent être appliqués par de simples infirmiers. La solidification presqu'instantanée des appareils leur donne en outre une incontestable supériorité sur ceux qui sont en usage et qui exigent pour se durcir un temps assez long pendant lequel les parties blessées peuvent dévier. Il est appelé à rendre à l'humanité les plus grands services, aujourd'hui surtout que l'application générale des machines et le perfectionnement des armes à feu exposent le soldat et l'ouvrier à des blessures plus graves et plus fréquentes. Il serait du plus précieux secours dans le service chirurgical de la marine à raison du petit volume que représente un approvisionnement considérable de Gutta-Percha et de la facilité avec laquelle on révivifie constamment cette matière.

Le Jury de l'exposition régionale de Rouen, en 1859, l'a jugé ainsi en décernant à M. le docteur Paquet, sur la proposition des chirurgiens en chef de l'Hôtel-Dieu, une médaille d'argent grand module. Le Jury de l'exposition universelle de 1862 voudra confirmer ce jugement par un témoignage de sa bienveillance, surtout lorsqu'il saura que M. le Docteur Paquet est à la fois un praticien très-distingué et un homme de cœur dont le mérite et le dévouement ont souvent obtenu les distinctions les plus honorables.

Le Rapporteur de la 5ᵉ section du jury d'admission de l'arrondissement de Lille,

Vu : **H. KOLB.**

Le Président du jury d'admission de l'arrondissement de Lille,

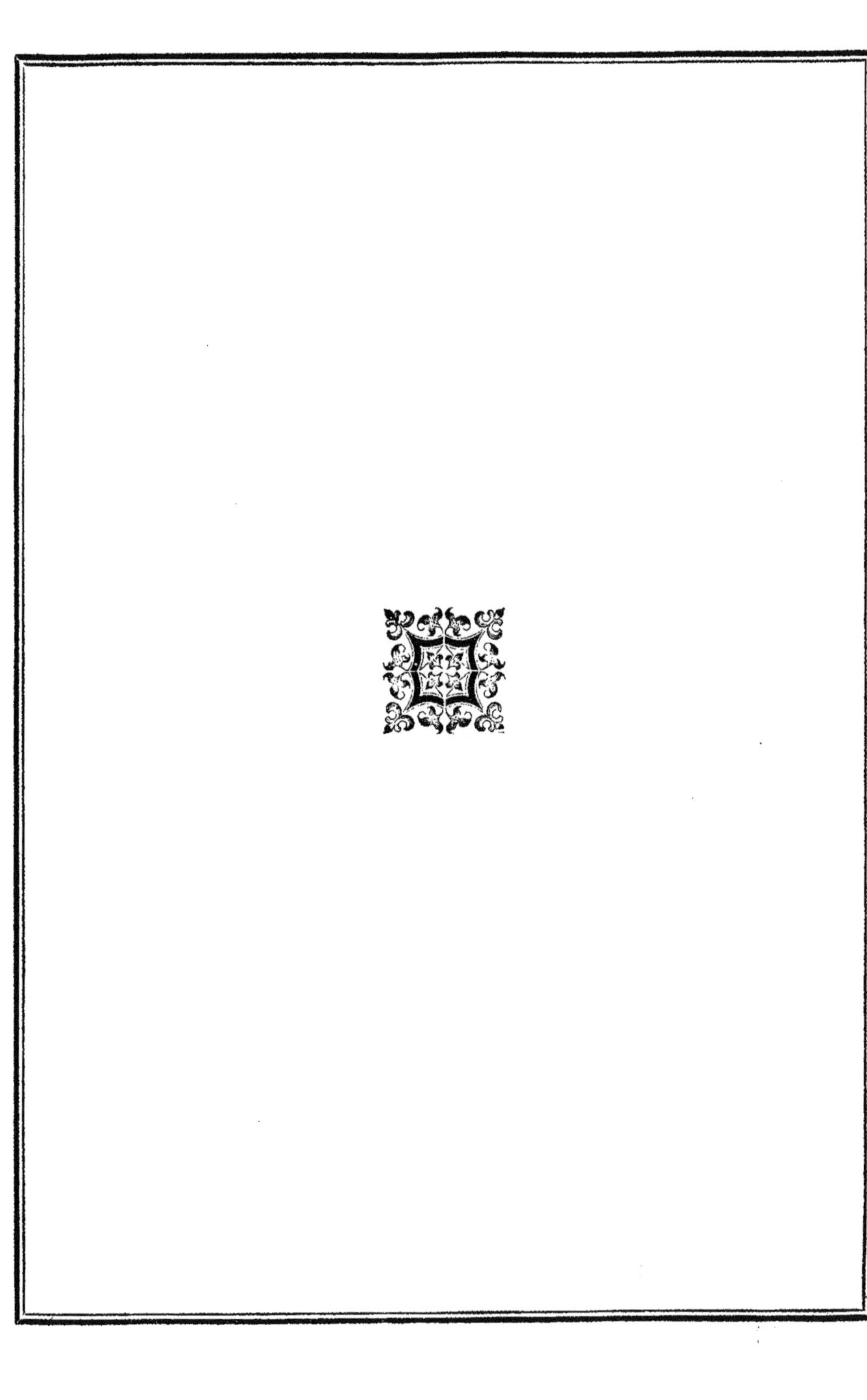